Friedl Thorward
AUF EINSAMEN BERGPFADEN

Vieles ginge besser, wenn man mehr ginge. – Hier 50 Wandervorschläge! –

Friedl Thorward.

Friedl Thorward

AUF EINSAMEN BERGPFADEN

Der Bayerwald-Hauptkamm für Kenner und Könner

Verlag Friedrich Pustet
Regensburg

2. 5. 89 "Quarkburg"
Windischbergerdorf/CHAM

CIP-Kurztitelaufnahme der Deutschen Bibliothek

Thorward, Friedl:
Auf einsamen Bergpfaden : d. Bayerwald-Hauptkamm für Kenner u. Könner / Friedl Thorward.
– Regensburg : Pustet, 1982.
ISBN 3–7917–0747–7

ISBN 3–7917–0747–7

Umschlagmotiv: Weg vom Mittagsplatzl zum Arber
Umschlaggestaltung: Peter M. Loeffler Regensburg
Gesamtherstellung: Friedrich Pustet Regensburg
Printed in Germany 1982

Lieber Wanderer!

Unser „Wald“ wird immer mehr verschandelt. Was die „großen Planer“ nicht fertigbringen, schaffen Wohlstandsmüll und Lärm.
In jedem Strauch, hinter jedem Felsen findest Du Büchsen, Flaschen und Plastikhüllen. Die Stille unserer Wälder ist bedroht.

Sollen unsere Waldberge zu Müllhaufen – zu Rummelplätzen werden?

Ich habe hier 50 Touren zusammengestellt, die in eine *noch* heile Natur führen. Sie sollen denen vorbehalten bleiben, die sich mit der Natur verbunden wissen.
Wir, die wir nach diesem Buch planen und wandern, sind keine Neulinge. Wir wissen, daß wir die Natur achten und ehren sollten.

Es muß selbstverständlich sein, daß wir still durch die Wälder gehen wie das Wild, daß wir nach einer Rast alle Art von Verpackung wieder mit nach Hause nehmen, um sie der Müllabfuhr zuzuführen.
Es muß selbstverständlich sein, daß wir die Landesgrenze peinlich achten, daß wir Kapellen, Totenbretter und Bildstöckln respektieren und nicht mit unseren Namen verunzieren.
Es muß selbstverständlich sein, daß wir Blüten und Blumen dort belassen, wo sie am schönsten sind: in der Natur.

Wer die Natur mißachtet, der hat sein Verhältnis zu ihr nie begriffen. – Als „Krone der Schöpfung“ sollten wir wenigstens wissen, daß sie uns Wiege, Heimat, Leben und Gesundheit und letztes Ziel ist.

Friedl Thorward

FURTH I. WALD
CHAM
CHAMB
ESCHLKAM
NEUERN
NEUKIRCHEN B. HL. BLUT
BURGSTALL 976 m
HOHENBOGEN
ECKSTEIN 1072 m
RITTSTEIG
RUINE
LICHTENEGG
RIMBACH
HAIDSTEIN
WEISSER REGEN
LAM
OSSER 1293 m
KREUZFELSEN 999 m
KAITERSBERG
RIEDELSTEIN 1134 m
LOHBERG
ZWERCHECK 1333 m
KÖTZTING
CHAM
SCHWARZECK 1238 m
GR. REGEN
BÖHMISCH-
BAYERISCH-EISENSTEIN
ARNBRUCK
KL. 1384 m
GR. 1456 m
ARBER
BRACHSELSRIED
VIECHTACH
BODENMAIS
SILBERBERG
LUDWIGSTHAL
SPIEGEL-
HÜTTE
SCHWARZER REGEN
PATERSDORF
ZWIESEL
KLEINER
FRAUENAU
TEISNACH
REGEN
FLANITZ
RUINE
WEISSENSTEIN
RINCHNACH
DEGGENDORF
DONAU
PLATTLING
PASSAU

BAYERWALD-HAUPTKAMM
ÜBERSICHTSSKIZZE
STÄDTE
MÄRKTE, DÖRFER
BERGE
SEEN
WÜSTUNG
RUINE
WICHTIGE STRASSEN
BAHNEN
LANDESGRENZEN
DER OBERE RAND IST BEI ALLEN SKIZZEN DIE NORDRICHTUNG.
0 5 10 15 20 km
RTMANITZ
ASSER
BERGREICHENSTEIN
CSSR
KBERG 1193 m
MITTAGSBERG 1314 m
ICK 1265 m
INNERGEFILD
WINTERBERG
MADER
AUSSERGEFILD
399 m
ACHEL
GR. 1453 m
KUBANY 1362 m
SIEBENSTEINKOPF 1263 m
BUCHWALD
STEINFLECKBERG 1341 m
OBERMOLDAU
LUSEN 1373 m
WALDHÄUSER
FINSTERAU
ELEONORENHAIN
GELAU
SAGWASSER
RESCH-WASSER
MAUTH
SAUSSWASSER
PHILIPPSREUT
BÖHMISCH RÖHREN
GRAFENAU
BISCHOFSREUT
HAIDMÜHLE
FREYUNG
WOLFSTEINER-OHE
HAIDEL 1167 m
GRAINET
DREISESSELBERG 1332 m
PASSAU
ALT-REICHENAU
BAY. PLÖCKENSTEIN 1363 m
ÖSTERREICH

Inhaltsverzeichnis

Der Bayerische Wald – ein Paradies für Wanderer

Immer kleiner werden die grünen Lungen zwischen den Siedlungen draußen in der Ebene, immer lauter der Ruf aus den Städten und Ballungsgebieten nach Ruhe, Stille und reiner Luft. Millionen Menschen sind jährlich unterwegs auf der Suche nach Einsamkeit und unverfälschter Natur. Aber unsere Landschaft hat fast überall ihre Ursprünglichkeit verloren. Aus Wäldern sind Forste geworden. Ihre buckligen, morastigen Pfade mußten breiten Straßen weichen. Parzelliert, numeriert, umfriedet sind die Fluren. Zäune und Verbote zwingen uns in ein enges Joch.
So anspruchslos sind viele geworden, daß ihnen die Asphalt- und Betonwege genügen. Man ist schon zufrieden, wenn von irgendwoher der Duft der Wiesen und Felder weht, und wenn ab und zu der Blick ein wogendes Ähren- und Blumenmeer erhascht.
Aber da sind auch andere, die damit nicht vorlieb nehmen, die die Freiheit suchen, den Kampf mit dem Berg ..., die Wind, Wetter und die Wildheit der Natur nicht fürchten – es sind die extremen Wanderer, die Bergsteiger. – Auf sie warten im entlegenen Waldgebirge an der bayerisch-böhmischen Grenze immer noch Regionen, wo die Zeit still zu stehen scheint. Felsgipfel mit einem weiten Blick übers Land erheben sich über die dunkle Flut des Waldes. Auf rauhen Graten, in der Einsamkeit der Filze und Schachten, in Urwäldern und an rauschenden Wassern finden diese echten Waldgeher das Glück. Wer wollte ihnen nicht folgen? –
Eine Fülle von Wandermöglichkeiten bietet sich an. So viele, daß es nicht nur für Fremde sondern auch für Einheimische unmöglich ist, auf Anhieb die schönsten auszuwählen. Viele sind ratlos. Besonders Feriengäste hörte ich oft klagen, daß sie einfach ohne Führung so

„schwere Touren" nicht machen könnten. Sie hatten Angst, waren unbeholfen, und auch unfähig, die Schönheiten der Landschaft zu sehen. Wenn ich sie dann begleitete und ihnen beschrieb und erzählte, was wir erwanderten, dann erwies sich die verwegenste Bergfahrt auch für sie als Genuß. Sie brauchten ganz einfach einen, der sich ihrer annahm.
Diese Erfahrung gab letztlich den Anstoß zu diesem Buch, das eine Auswahl schöner und einsamer Wanderungen im Hauptkamm des Bayerischen Waldes anbietet. – Zwar soll die Beschreibung des Wegeverlaufs nicht fehlen, wo sie erforderlich ist, aber da die Wege heute meist so ausreichend beschildert und markiert sind, daß sie kaum zu verfehlen sind, möchte ich dem Wanderer lieber das Wissen mit auf den Weg geben, das er braucht, um zu einem intensiven Erleben zu kommen, jenes Wissen, das ihm unterwegs niemand gibt. Ich möchte ihn beraten und einstimmen auf das, was ihn erwartet, wie ich es oft so erfolgreich auch draußen getan habe. Er soll nicht nur Kilometer und Gipfel sammeln, sondern das Land um ihn herum, das er durchwandert, soll Leben annehmen.
Es sind aber keine Spaziergänge. Ich will ihn auch nicht so einfach „hintragen" zu den Zielen. Es soll ihm noch jenes Quentchen Entdeckerdrang erhalten bleiben, das so eine Wanderung erst zum Erlebnis macht. Ich möchte Wanderungen mit „Pfiff" anbieten, die schon ein wenig Leistung und Können fordern. –

Das Grenzgebirge zwischen Further Senke und Passau nordöstlich von Regen und Ilz ist noch ein Paradies für Naturfreunde und steckt, was die Geologie, Flora, Fauna, Geschichte, das Volkstum und Brauchtum angeht, voller Kostbarkeiten. Es zählt zu den ältesten Gebirgen der Erde. Der sanfte Schwung seiner Gipfel und Täler ist das Werk unvorstellbarer Zeitläufte. 600 Jahrtausende lang rissen allein Eiszeiten die felsigen Bergflanken auf, und Gletscher schrammten immer wieder über die Trümmer. Unter der Gewalt von Wärme und Kälte, unter

der Beharrlichkeit strömender Wasser entstand die rauhe „Schale“ der Landschaft.
Seit 10000 Jahren, als die Gletscher abtauten, und nur noch die Bergseen zurückblieben, hat der Wald die Hänge überwuchert, ein Wald, so schön und gewaltig, wie wir ihn in Europa kaum wiederfinden. Der Boden, das Klima, die Feuchtigkeit und vor allem die Unberührtheit der Landschaft begünstigen sein Wachstum. Bis zu 60 m hoch werden die Bäume, sagenhaft ist ihre Vielfalt. In zahlreichen Naturschutzgebieten und Bergregionen ist uns der Wald erhalten geblieben, wie er vor 1000 Jahren war. Zwar sind Bären, Wölfe, Luchse schon vor einem Jahrhundert den ständigen Nachstellungen der Menschen erlegen, aber alle übrigen Wildarten – und auch neuerdings wieder die Luchse – haben in den weiten Wäldern und zum Teil schwer zugänglichen Berghängen immer noch eine ideale Heimstatt. Im einzigen Nationalpark Deutschlands versucht man auch, ausgestorbene Wildarten wieder einzubürgern.
Die Täler des Waldgebirges sind heute gut erschlossen. Ob einer von Passau, von Deggendorf oder Straubing, ob er von Regensburg oder Cham kommt – immer wird er die B 85 benützen oder queren. Von ihr gehen alle Wege aus, die bis in die letzten Dörfer und Einöden hinaufführen. Eine grenznahe Längsstraße von Furth i. Wald über Lam, Eisenstein, Zwiesel, Frauenau, Spiegelau bis hinunter nach Grafenau und Freyung ermöglicht noch einmal jede Rochade in unmittelbarer Nähe des Hauptkamms.
Da das Angebot an Fahrgelegenheiten bei den wenigen Nebenbahnen und Buslinien nicht gerade üppig ist, fährt man am besten mit dem eigenen Wagen.
Will man für einige Tage ein festes Quartier beziehen, dann sollten wirkliche Wanderer dies nicht in den Städten tun, sondern in den bäuerlichen, kleinen aber sauberen Streusiedlungen und Einöden an den Berghängen. Es lassen sich, je nachdem welche Bergfahrten man beabsichtigt, folgende Räume für ein Standquartier empfehlen:

Für Wanderungen zum Hohenbogen, Kaitersberg, Osser und Arber – der zentral gelegene Lamer Winkel, oder die Täler des Freybach und des Weißen Regen. Arber und Falkenstein sind aus den Räumen um Eisenstein, Bodenmais, Lindberg am günstigsten zu besteigen.
Für Rachel, Lusen und Nationalpark bieten sich die Orte an der Straße von Zwiesel bis Spiegelau und östlich davon an. Grafenau, Schönau, Mauth, Finsterau liegen ideal für den Nationalpark und das Lusengebiet,
während das Dreisesselgebirge am leichtesten von den Talorten zwischen Haidmühle und den Lackenhäusern in der „Neuen Welt“ zu ersteigen ist.

Ob oberer, mittlerer oder unterer Bayerischer Wald – alle sind großartige Wandergebiete, doch hat jeder Teil des Gebirges seine besondere Note. Der obere Wald zwischen Further Senke und Arber besitzt die höchsten Erhebungen, die ausgeprägtesten Gipfel mit den besten Fernsichten, die tiefsten Täler und die schönsten Felspartien. Im mittleren Teil, am Arber und Falkenstein, bewundern wir die schönsten und größten Wasserfälle, die Seen mit ihren abweisenden Wänden und die herrlichen Urwaldgebiete. Einen interessanten Übergang zum Rachel und Lusen im Nationalpark bilden die Schachten – ehemalige Bergweiden – die Moore und geheimnisvolle Bergwälder. Ausgeprägte Gipfel und tiefe Täler fehlen in diesem Gebiet fast ganz. Eine typische Eigenart sind aber die Schwellen und Klausen und ausgeklügelte Wassersysteme in den Berghängen. Sie dienten einst der Holzwirtschaft.
Im unteren Wald – etwa vom Lusen bis zum Dreisesselberg – liegen bereits die Talgründe bis zu 1000 m hoch. Kühle Sommer und schneereiche Winter prägen das noch wenig von der Zivilisation entstellte Antlitz dieser Gegend. Die „Goldenen Steige“ und sterbende Dörfer, die Felsenmeere auf dem Lusen und im Drei-

sesselmassiv, klammartige Wasserläufe und weite, prächtige Wälder mit den berüchtigten Filzen sind ihre unverkennbaren Merkmale.

Und wenn mich einer fragen würde, was er sich als erstes ansehen sollte, dann wäre ich in Verlegenheit. Ich müßte ihm wohl antworten: Von allem etwas – denn trotz der erheblichen Unterschiede fügt sich alles zu einem Ganzen, und es kennt keiner den Bayerischen Wald, wenn er ihn nicht ganz erwandert hat.

Technik des Wanderns

Wer die Berge kennt, weiß, daß sie erobert werden wollen. Wir sollten uns dazu der richtigen Technik bedienen, uns die Erfahrungen zunutze machen, die andere vor uns gesammelt haben.

Kleidung und Ausrüstung

Mittelschwere Bergschuhe haben sich in unseren Bergen am besten bewährt. Es ist ein Irrtum, zu glauben, daß man mit leichten Schuhen besser geht. (Wildlederschuhe oder die beliebten, außen angerauhten Wanderschuhe leichterer Art sind untauglich, da sie bei Nässe schnell durchweichen.) Sie müssen groß genug sein und dürfen nicht zu eng geschnürt werden, da an schwülen Tagen der Fuß anschwillt. Dies und ein Paar dicke Wollsocken sollten einkalkuliert werden. Je dicker die Socken, um so weniger schwitzt man, und um so geringer ist die Scheuerwirkung der Schuhe. Die weiche Bundhose, die auch einmal eine Rutschpartie über Fels oder Schnee verträgt, hat sich bestens eingeführt. Die Unterkleidung sollte bequem und einfach sein. Man sollte weder frieren, noch übermäßig schwitzen müssen.

Die Mode wird auf den Bergen von der Zweckmäßigkeit verdrängt: Pullover und Walkjanker sind besser als luftundurchlässige Jacken, Bügelfalten, Kragen und Selbstbinder. Der Anorak hat sich seit Jahrzehnten gehalten, weil er sich bewährt hat. Eine Wetterkotze billigster Sorte aus Perlon oder der immer beliebter gewordene Bergsteigerregenschirm geben die nötige Sicherheit, wenn es nach Regen aussieht. Unterwäsche und Socken zum Wechseln, ein wärmendes Stück für unvorhergesehene Situationen sollten immer noch in Reserve

sein. Besser noch als der graumelierte Trenkerhut ist eine einfache Wollmütze, die man bequem in die Tasche stecken kann.
Das Gepäck des Wanderers besteht einzig und allein aus dem Rucksack. Er soll nicht zu groß und nicht zu schwer – und muß gut zu tragen sein. Es ist eine Kunst, ihn so zu packen, daß man alles hat, was man braucht und trotzdem nichts Überflüssiges mitschleppt. Verbandszeug und Flickzeug aber sollten immer dabei sein.
An Essen reicht meistens auch die Hälfte oder ein Drittel, von dem, was man einpacken möchte. Einmachgläser, Flaschen, Blechbüchsen sind zu schwer. Brot, Speck, Wurst, Eier (aber gut verpackt!), möglichst wenig gesalzen, und hochwertige, leicht verdauliche Nahrung, wie Studentenfutter, Schokolade, Traubenzucker, Dörrobst u. dgl. sind am besten. Obst schmeckt immer gut, sollte aber, weil es leicht verderblich ist, nicht für mehrere Tage mitgenommen werden.
Bei Winterwanderungen sind die richtigen Skier – nämlich Touren-, Langlauf- oder Kurzskier, eine Bindung, die Fersenfreiheit gewährt, und die entsprechenden Schuhe, die sich im Gelenk abbiegen, Voraussetzung. Die Ausrüstung für sogenannte Pistenfahrer ist für Wanderungen untauglich.

Unterwegs

Der Schritt soll gleichmäßig und zügig sein und stets denselben Raum- und Höhengewinn bringen. Auch in steilem Gelände sollte immer die ganze Sohle auf dem Boden aufsetzen. Dies erspart Kraft. Wenn es gelingt, die Muskeln abwechselnd zu beanspruchen – und dies ist in bergigem Gelände leichter als auf der eintönigen Landstraße – gibt es kaum eine Ermüdung.
Der gute Bergsteiger wird unterwegs so wenig wie möglich trinken. Sein zügiger Aufstieg wird kaum von einer Rast unterbrochen. Drum weiß er auch, daß er alle, die

ihn bis zum Fuß des Berges schnaubend, mit rotem Kopf und mit hastigen Schritten überholen, wiedersehen wird, wenn sie bleich und ausgepumpt am Wegrand sitzen, und er – noch frisch wie im Tal – an ihnen vorbeizieht.
Das Abkürzen von Serpentinen ist verpönt. Es zerstört Wald und Wege und fordert zusätzliche Energie. Klettern ist ein Lebensrisiko und sollte von Laien unbedingt unterlassen werden. Das Marschtempo muß sich immer nach dem schwächsten Teilnehmer der Gruppe richten. Er darf keine Minderwertigkeitsgefühle bekommen. – Ist der Gipfel erreicht, bläst meistens ein kalter Wind. Dagegen schützt man sich am besten mit dem Anorak. Alkohol schmeckt zwar recht gut, ist aber ein schlechter Wegbegleiter – ganz besonders bei anstrengenden Winterwanderungen. Also Vorsicht! –
Für ein Biwak mit oder ohne Zelt gibt es im Bayerischen Wald tausend Möglichkeiten. Am wärmsten ist es am Hang, im Windschatten und unter Baumkronen, am kühlsten direkt auf dem Gipfel und in Talmulden. – Feuer ist nur erlaubt, wenn kein generelles Verbot besteht und alle Vorkehrungen gegen ein mögliches Übergreifen auf die Umgebung getroffen wurden. „Der Wald ist schnell zu Asche gemacht!“ – dies sollten wir bedenken.
Baden im Bergsee oder im Wildbach und Trinken aus der kalten Quelle schaden nur dann nicht, wenn man sich zuvor langsam abkühlt.
Ausgedehnte Winterwanderungen können sehr beschwerlich und gefährlich werden. Schon bei der Planung muß daran gedacht werden, daß die Hochkämme des Gebirges bei Schneehöhen bis zu 3 m unwegsam sind, daß alles viel anstrengender verläuft, daß eine gute Kondition unerläßlich ist, daß die Temperatur je 100 m um nahezu 1 Grad abnimmt, daß es in der Schneewildnis so gut wie keine Rast gibt, daß Erfrierungen und Unfälle möglich sind, und daß man deshalb nicht allein gehen sollte.
Bei Nebeleinfall kann man sich leicht verirren. Dann hilft meist nur noch der Kompaß. Besteht die Gefahr des Erfrierens, so geht man am besten immer bergab. Im Tal

wird es wärmer. Beachte: Waldstraßen führen talwärts immer in Wohngebiete.

Gefahren und Erste Hilfe

Das größte Risiko für einen Bergsteiger ist ein untrainierter Körper. Vor allem dann, wenn er in einer leistungsstarken Wandergruppe sich behaupten muß, denn obwohl schwächer, muß er im Verhältnis mehr leisten als die Kameraden. Bis zur Erschöpfung ist es dann nicht weit. Jeder sollte sich deshalb selbst einschätzen lernen und sich nur mit seinesgleichen zusammentun.
Gesundheit, besonders an Herz und Lunge, ist Voraussetzung fürs Bergsteigen. Ein wacher Geist und Erfahrung, die nötige Übung und eine gute Portion Kameradschaft gehören dazu. Gewissenhafte Planung ist wichtig. Effekthascherei und Leichtsinn sind schlechte Berater und bringen kein Glück. Willenskraft, Beharrlichkeit, Bescheidenheit zeichnen den guten Waldgeher aus. Hat einer diese Tugenden, so sind die subjektiven Gefahren schon fast beseitigt.
Aus Unerfahrenheit und Leichtsinn werden oft die objektiven Gefahren nicht erkannt, die Berg, Wald, Wetter, Sonne, Sturm, Nebel und Dunkelheit mit sich bringen. Auf den Bergen herrschen meist viel tiefere Temperaturen als im Tal. Der Wind wird droben zum Sturm, der selbst Äste und Bäume brechen kann. Gewitter sind wilder und gefährlicher als unten. Ein Wettersturz kann in kurzer Zeit warmen Sonnenschein in Hagel und Schnee verwandeln. Nebel nimmt die Richtung und Kälte zehrt an den Kräften. Kompaß, Karte und Höhenmesser sind in solchen Fällen oft Retter in der Not.
Auch die Sonne kann gefährlich werden. In der reinen Höhenluft holt man sich schnell einen Sonnenbrand, wenn man sich nicht davor schützt. Und an schwülen Tagen läuft man leicht Gefahr, einen Sonnenstich zu bekommen. Er äußert sich in einer blauroten Gesichtsfärbung; Unwohlsein, Apathie sind weitere Anzeichen.

Nur durch genügendes Trinken (aber schluckweise!) und Rasten im Schatten können wir Schlimmeres abwenden. Wird die Gefahr nicht rechtzeitig erkannt und gebannt, können schwere Herz- und Gehirnschädigungen die Folge sein.
Sonne und ultraviolette Strahlung – besonders auf Schnee –, Wind und ungenügender Schlaf können die gefürchtete und schmerzhafte Bindehautentzündung hervorrufen. Mit einer dunklen Brille – oder gleich einer sogenannten Gletscherbrille – können wir sie von vorneherein vermeiden. Ist sie bereits eingetreten – man merkt es als Neuling immer erst zu spät – kann sie auf einfache Weise schnell geheilt werden: Man löst in etwa 1 l Wasser eine gute Hand voll Kochsalz und wäscht mit dieser Lösung immer wieder die Augen aus, bis sie nicht mehr schmerzen. Es tut nicht weh, und die Wirkung ist verblüffend. Also keine Angst! Auch die abgekochten, noch feuchten Krumen von schwarzem Tee, in einer Packung auf die Augen gelegt, nehmen die Entzündung.
Schneeblindheit tritt dann ein, wenn die Sonne hinter Stratuswolken verschwindet, und das ungeschützte Auge keine Schatten mehr sieht und weder Steigung noch Gefälle, noch Unebenheiten im winterlichen Gelände mehr wahrnehmen kann. Sie kann sehr unangenehm sein, ist aber – wie eine Bindehautentzündung – zu vermeiden, wenn man eine dunkle Brille trägt.
Ungeübte, meist wohlbeleibte Menschen holen sich leicht den schmerzhaften „Wolf", wenn sie sich – erhitzt vom Wandern – auf die Erde, einen kalten Stein oder ins feuchte Gras setzen. Sie sagen dann, sie hätten sich „aufgegangen". Weiche Unterwäsche mildert. Man kuriert den „Wolf" am sichersten, wenn man einen nassen Waschlappen zwischen die geröteten Stellen packt. In einer Nacht läßt sich das lästige Übel so völlig ausheilen. Es gibt auch Medikamente, die ihn von vorneherein verhindern helfen. Man frage den Arzt oder Apotheker.
Sehr schmerzhaft sind auch Blasen an den Füßen. Sie können einem das Wandern elendiglich verleiden. Der

Geübte läßt es gar nicht so weit kommen. Wenn er ein beginnendes Brennen an irgendeiner Stelle des Fußes verspürt, legt er sofort eine Pause ein, entfernt Sandkörner und ähnliches und vertauscht die beiden Strümpfe. Schon dies hilft meistens. Auch wenn man einen Streifen Hansaplast auf die gerötete Stelle klebt, ist die Gefahr behoben. – Wenn aber bereits prall gefüllte Wasserblasen entstanden sind, sollen diese auf keinen Fall aufgeschnitten und die Haut entfernt werden. Die dadurch offenliegenden wunden Stellen wären nur schwer unter Kontrolle zu bringen. Die Blase muß vielmehr durch die gesunde Haut hindurch von unten angestochen (völlig schmerzlos!) und mit dem Finger das Wasser durch den entstandenen „Kanal" entleert werden. Die abgehobene Haut bleibt auf diese Weise unverletzt und schützt die Wundstelle. Ein Streifen Hansaplast darübergeklebt, und die schmerzhafte Schädigung ist für immer vergessen.

Otterbisse, Verstauchungen und Brüche sind Fälle für den Arzt. Wir haben nur für den sicheren Transport des Verletzten zu sorgen. Oberster Grundsatz dabei ist: Nicht schaden! – Verletzungen leichterer Art sollte man ausbluten lassen und nicht auswaschen. Sind offene Wunden mit Holz, Erde, Humus in Berührung gekommen, muß wegen Wundstarrkrampfgefahr der Arzt unterrichtet werden. Otterbisse sind nach Möglichkeit abzubinden und auszusaugen.

Erfrierungen werden verhindert durch warme, nicht zu enge Kleidung, ständige Bewegung und gegenseitige Beobachtung. Besonders die Schuhe sollten dem Fuß Bewegungsfreiheit geben. Sind Körperstellen bereits weiß geworden, muß ihre Durchblutung mit vorsichtigem aber energischem Reiben wieder in Gang gebracht werden.

Und was man sonst noch wissen sollte

Man neigt heute immer mehr dazu, die Entfernungen in Kilometern anzugeben. Dazu ist zu sagen: Auf den Bergen mißt man besser nach Stunden, um sich Enttäuschungen zu ersparen. Wenn man aber im harten Aufstieg 2–2½ km, im Abstieg 3–3½ km und bei langen Wanderungen 2,8 km in der Stunde rechnet, kommt man immer zurecht. Diese Erfahrungswerte sind individuell verschieden. Jeder sollte den für ihn gültigen Wert ermitteln. Dann kann die Dauer einer Wanderung jederzeit aus der Karte entnommen werden. – Bergsteiger rechnen für die Überwindung von 300 m Höhenunterschied im Aufstieg rund 1 Stunde. Dabei spielen Geländeneigung und Wegbeschaffenheit eine wesentliche Rolle. Wege können steinig, griffig, glitschig, morastig, schmal, zugewachsen, abschüssig und steil sein. Wir lieben diese Abwechslung, im Gegensatz zu manchen Feriengästen, denn sie verhindert eine schnelle Ermüdung.
Zur Orientierung dienen in erster Linie Kompaß, Karte und Höhenmesser. Aber auch mit Sonne und Uhr läßt sich die Südrichtung genau bestimmen. Die Mondphasen, der Polarstern, die Windrichtung, die man sich vor Antritt der Fahrt gemerkt hat, das Grau und Grün der Flechten an den Westseiten der Bäume und die Neigung hoher Bäume nach Osten sind Hilfen für ein Zurechtfinden.
Auch die Uhrzeit läßt sich mit einiger Übung aus dem Stand der Gestirne erkennen. Eine ebenso genaue wie originelle Methode der Zeitmessung ist die mit dem Grashalm, der auf Kleinfingerlänge abgerissen und senkrecht zwischen Klein- und Goldfinger gesteckt wird. Man dreht sich so, daß die Sonne seinen Schatten über die Finger der beiden waagrecht nebeneinander gehaltenen Hände wirft. Die Zahl der Finger bis zum Schattenende ist die Uhrzeit.
Wer nachts durch den Wald geht, sollte nicht erschrekken, wenn faulige Stöcke „glühen“, als wären „Gespenster“ beim Stelldichein. Es ist eine Naturerscheinung.

Zum Feuermachen muß Anheizpapier geknittert werden, damit es Luft einschließt. Birkenrinde brennt auch im nassen Zustand.
Quellwasser im Bayerischen Wald ist fast immer trinkbar und kalt. Vor dem Trinken Puls und Stirn kühlen! – Schließlich sollten uns die unzähligen Namen in Gipfelkreuzen, Kapellen und anderen Objekten, und die Waldsträuße, die heimgetragen oder gar weggeworfen werden, zu denken geben. Machen wir es doch besser! –

Mit Karte und Kompaß

Wenn man Karte, Kompaß und Höhenmesser zu gebrauchen weiß, bedarf es keiner Markierungen und keiner Wege mehr. Übung macht auch hier den Meister.
Die Karte ist unentbehrlich für den Wald- und Berggeher. Daß ein Wanderer Karten lesen kann, darf vorausgesetzt werden. Wie weiß er aber im dichten Wald oder im Nebel, wenn er die Orientierung verloren hat, wo sein Ziel liegt? Der Kompaß in Verbindung mit der Karte sagt es ihm, und der Höhenmesser übt eine unbestechliche Kontrolle aus.
Wie es gemacht wird: Wir legen die Karte auf eine waagrechte Unterlage. Am Marschkompaß drehen wir die Windrose so, daß die Nordmarke, d. i. die Zahl 64, sich mit dem Richtungspfeil deckt. Dann legen wir das Lineal des Geräts an eine Nord-Süd-Gitterlinie des Blattes genau an. Diese Gitterlinie erhalten wir, indem wir die jeweils gleichen Zahlenangaben am oberen und unteren Blattrand miteinander geradlinig verbinden. Zur Not tut es auch der rechte oder linke Rand des Blattes. –
Ohne nun den Kompaß nochmals gegen die Karte zu verschieben, drehen wir sie mit ihm so weit, bis die als Nordpol bezeichnete Nadelspitze auf die auffällige Marke bei 1.5 Strich – den sogenannten magnetischen Nordpol – einspielt. Jetzt liegt die Karte so, daß die Gitterlinien (Meridiane) durch den geographischen

Nordpol (und Südpol) laufen. Sie liegt mit der Landschaft seitenrichtig und darf nicht mehr verdreht werden. – Das Ziel ist aus der Karte zu ersehen. Wenn nun auch noch der eigene Standort bekannt ist, verbinden wir beide mit einer geraden Linie. Jetzt können wir das Lineal des Kompasses an diese Linie anlegen, daß der Marschpfeil zum Ziel zeigt. – Die Nordnadel spielt auf einer bestimmten Zahl ein. Wenn wir die Windrose erneut so weit drehen, bis Nadel und Marke für den magnetischen Nordpol übereinstimmen, dann zeigt nicht nur der Richtungspfeil zum Ziel, sondern auch die Marschzahl. Während wir nun querfeldein in die gewonnene Richtung marschieren, halten wir Richtungspfeil und Marschzahl immer in Deckung, lassen dabei die Nadel auf den Magnetpol einspielen und werden das Ziel schließlich erreichen. – Schon zu Hause können die verschiedenen Marschzahlen für die Wanderung ermittelt werden. Das Wandern nach dem Kompaß wird nach einiger Übung zur Routine. Wege werden zur Nebensache. – Wer einmal so mit Erfolg gewandert ist, der braucht keine Wege mehr.

Mit dem Höhenmesser läßt sich jederzeit auf 5 m genau die Meereshöhe ermitteln. Bringen wir sie mit den Höhenschichtlinien in Beziehung und vergleichen wir dazu noch die Geländeform mit der Karte, dann können wir auch auf diese Weise ziemlich genau den Standort feststellen.

Benützen wir Karte, Kompaß und Höhenmesser zugleich, dann kann eigentlich nichts mehr schiefgehen – bis auf das Wetter. Darüber im folgenden eine gedrängte Zusammenstellung:

Und wie wird das Wetter?

Das Wetter entscheidet oft über das Gelingen unserer Bergfahrten. Wetterstürze mit Gewittern, Wolkenbrüchen, Hagelschauern und gar Schneestürmen – mit Nebel im Gefolge – können den Wanderer auch im

Sommer in arge Gefahr bringen. Wenn Städter sich gelegentlich fürchten vor den Bergen mit ihren weiten, einsamen Wäldern, dann steht hinter dieser Angst nicht selten die Unkenntnis über das Wettergeschehen.
Erfahrene Waldgeher kennen diese Angst kaum. Sie beobachten die Natur – Tiere und Pflanzen, den Himmel und die Wolken, denn diese geben meist schlüssig Auskunft über die Wetterentwicklung. Was dann noch als Risiko bleibt, nehmen sie gern in Kauf. Es ist das liebenswert Prickelnde, das jede Bergfahrt besonders würzt. Es gibt eine große Zahl von Wetterregeln, denen eine jahrhundertelange Erfahrung zugrunde liegt. Wir sollten sie uns zu eigen machen! Sie erhalten noch mehr Leben, wenn wir uns dazu das Allernötigste über Luft, Sonne, Wind und Wolken merken.
Die Lufthülle über uns lastet mit rund 1 kg auf jedem Quadratzentimeter der Erdoberfläche. Der Druck nimmt mit zunehmender Höhe ab. Nur bis 10 Kilometer über der Erde ist so viel Sauerstoff und Wasserdampf vorhanden, daß Mensch, Tier und Pflanzen leben können. In dieser bodennahen Schicht spielt sich auch das Wetter ab.
Wir wissen, daß die Luft auf den Bergen – normale Verhältnisse vorausgesetzt – sichtiger und klarer wird. Auch kälter wird sie, und zwar um 1 Grad je 100 m, was eine Folge der Ausdehnung und der damit verbundenen Wärmeabgabe ist. Bei Nebelbildung und Niederschlag wird jedoch Kondenswärme frei, die Temperaturabnahme beträgt dann nur noch 0.6 Grad je 100 m. – Wenn wir noch wissen, daß warme Luft mehr Wasserdampf aufnehmen kann als kalte (Hauch an kalten Tagen, Waschküche!) und sich die relative Feuchte der Luft bei Abkühlung der möglichen Sättigung immer mehr nähert und schließlich zu Nebel oder Niederschlag führt, dann können wir bei einiger Übung aus der Atmosphäre lesen wie das Wetter wird.
Die Sonne treibt das atmosphärische und meteologische Geschehen an. Sie kann zwar kaum selber auf die Luft einwirken, aber sie tut es über die Erd-

oberfläche. Diese kann den Wasserdampf erwärmen und zum Aufsteigen bringen.
Wo aber Luftmassen aufsteigen, dehnen sie sich aus, werden kälter, die relative Feuchte nimmt zu, die Wolken ballen sich – es gibt schlechtes Wetter (= Tiefdruck). Wo sie absinken, verdichten sie sich, werden wärmer, die relative Feuchte nimmt ab, Nebel und Wolken lösen sich auf – es wird schön (= Hochdruck).
Die erwärmte Erdoberfläche bestimmt also das Wettergeschehen. Doch erwärmen Land und Meer, Wald und Siedlungsgebiete, Nord- und Südhänge, Sumpf- und Trockengebiete, Berge und Täler sich unterschiedlich und geben auch unterschiedlich die Wärme wieder ab. Dies sorgt für ein turbulentes, nur teilweise sichtbares Geschehen in der Atmosphäre. Kalt- und Warmluftzonen stoßen ineinander, überlagern sich, gleiten übereinander. Hoch- und Tiefdruckgebiete entstehen, Kalt- und Warmfronten bauen sich auf, Luftmassen – Wind genannt – fließen in Spiralenform und im Sinn des Uhrzeigers aus dem Hoch heraus – versuchen es abzubauen – und im umgekehrten Sinn in das Tief hinein, um es aufzufüllen. Im Hoch strömt die Luft oben zu und unten ab, im Tief gegengleich. Je größer die Druckunterschiede auf engem Raum, um so ungestümer der Wind!
Ein Wind besonderer Art ist der Föhn, der vom Südhang der Alpen stammt. Ursprünglich sehr feucht und kühl, gibt er beim Aufsteigen um rund 3000 m beim Überschreiten der Alpen fast alle Feuchtigkeit und dazu noch 18 Grad an Wärme ab. Beim Abfall nördlich der Alpen um 3000 m wird er wieder um 30 Grad wärmer und hat eine nur noch sehr geringe relative Feuchte. – Er fegt den Himmel rein, trocknet die Wälder und bringt schöne Stimmungen. Aber wenn er aufhört zu blasen, gibt es fast immer Regen.
Das Geschehen in der Atmosphäre wird dann sichtbar, wenn es zur Wolkenbildung kommt. Die Wolkenformen geben Aufschluß über die Entwicklung des Wetters. Sie

werden mit den lateinischen Namen Cirrus = Locke, Stratus = Schicht und Cumulus = Haufen bezeichnet. Cirren – über 6000 m hoch, aus feinen Eiskristallen – führen zur Bildung von Ringen und Höfen um Sonne und Mond. Zu ihnen zählen Federwolken, Schäfchenwolken und Schleierwolken (Cirren, Cirrocumulus und Cirrostratus). Zwischen 6000 m und 2000 m bewegen sich die Haufenwolken (Altocumulus) und die Schichtwolken (Altostratus). Letztere lassen Sonne und Mond nur noch als weiße Scheibe erscheinen. Unter 2000 m sehen wir die tiefen Wogenwolken (Stratocumulus), die tiefen Schichtwolken (Stratus) und die Regenwolken (Nimbostratus), welche oft bis in große Höhen reichen. Haufenwolken und Gewitterwolken können blumenkohlartig bis in Höhen über 6000 m anwachsen. Ihre „Köpfe“ gehen in Eiswolken über und zeigen manchmal Amboßform. Aus ihnen kommen Hagel und Wolkenbrüche.
Häufen sich Cirren, Cirrostratus und Cirrocumuli, so wird das Wetter schlecht. Schon bald folgen mittelhohe Wolken, die sich verdichten, bis graue Wolken mit nebelartigem Aussehen und dunkler Unterseite das Regenwetter einleiten.
Viele Wetterregeln beschäftigen sich mit Form und Färbung der Wolken. Linsenförmig-weiße, sogenannte „Föhnfische“, deuten auf Föhn. Er wird begleitet von stechender Sonne am tiefblauen Himmel. Wenn er zu blasen aufhört, kommt Regen. Deshalb eignet er sich nur bedingt für ausgedehnte Touren. Eine Föhnlage zählt nicht zum beständigen Wetter.
Auch andere Winde haben charakteristische Eigenschaften: West- und Südwind bringen warmes, feuchtes, oft schwüles Wetter. Nordwestwind bedeutet Regen, Nordwind Kälte. Der Ostwind beschert im allgemeinen kühle, trockene aber sonnige Tage.
Haufenwolken bilden keine Gefahr, solange sie keine Auswüchse nach oben zeigen. Man bezeichnet sie dann sogar als Schönwetterwolken. Wenn auch in ihrem Innern Aufwind herrscht, so bewirken an den Rändern die

Fallwinde des Hochs gleichzeitig ihre Auflösung. Gefährlich werden sie aber, wenn sie „überzuquellen“, zu „schäumen“ beginnen. Dann kann es zu Schauern oder Gewittern kommen. Häufig wachsen sie zu gewaltigen Wolkentürmen empor, die große Niederschlagsmengen (Wolkenbruch, Hagel) und starke Abkühlung bringen. Für den schlecht ausgerüsteten Wanderer kann dies zur großen Gefahr werden.
Bevor es nach einer Schönwetterperiode wieder regnet, muß es zu einer Anreicherung des Wasserdampfes in der Luft kommen. Ein weißlich werdender Himmel bei Tag, milchig-graue Berge, ein Morgenrot oder aber farbige Wolken am Abend künden schlechtes Wetter an. Hohe Luftfeuchtigkeit in den Morgenstunden bedeutet dasselbe. Dagegen ist starker Taufall am frühen Morgen, bei Schönwetter, ein Beweis, daß es noch längere Zeit hält. Auch vom Berg herabsinkender, sich verdichtender Nebel, der sich übrigens dann schnell auflöst, läßt gutes, sonniges Wetter erwarten. Steigt aber der Nebel auf, so ist uns trübes, feuchtes Wetter gewiß.
Sonnenringe (Halo), Sonnen- und Mondhöfe sind Vorboten eines heranziehenden Tiefs. Dasselbe signalisiert ein dichter, rascher Aufzug von Feder-, Schleier- oder Schäfchenwolken. Geht die Sonne hinter einer Wolkenwand unter, bringt meist der nächste Morgen schon Regen. Nur ein klares, wolkenloses Abendrot ist Vorzeichen guten Wetters. Reißen bei Regen in der Vormittags- oder Mittagszeit die Wolken kurz auf, so hat dies meist nichts zu bedeuten. Schon nach kurzer Zeit wird es wieder regnen. Hält sich aber um 9.00 Uhr vormittags ein blauer Fleck am Himmel, „aus dem man eine Hose schneidern könnte“, so wird es todsicher schön.
Nächtliche Gewitter und solche am frühen Morgen verdanken ihre Entstehung oft nahenden Tiefdruckgebieten, haben also Schlechtwetter im Gefolge. Doch verspricht ein nächtlicher, bis in die frühen Morgenstunden anhaltender Schnürlregen für den Tag meist gutes Wetter. Haben die über 1000 m hohen Berge morgens eine Nebelkappe, oder legen sie tagsüber eine solche an, so

gibt es Regen. Werden sie nach Regen wieder frei, wird das Wetter gut. Wird der normale Temperaturgang – Ansteigen bei Tag, Absinken bei Nacht – unterbrochen, so ist das gute Wetter bald zu Ende. Dies gilt vor allem für den Winter. – Wenn an Frühlings- oder Frühsommertagen ungewöhnlich hohe Temperaturen herrschen, muß ein Wettersturz befürchtet werden.

Skiwanderer wissen, daß Nordostwinde auch bei heiterem Himmel schneidende Kälte bringen. Sie wissen aber oft nicht, daß die „warmen" Süd- und Westwinde im Winter immer erst gefährliche Schneestürme mit großen Schneemengen bescheren, bevor Wärme und Regen aus den Tälern emporsteigen. Deshalb Vorsicht vor Warmlufteinbruch!

Wenn tagsüber der Wind vom Berg ins Tal und nachts vom Tal zum Berg weht, kann man mit gutem Wetter rechnen. Ändert sich dieser Rhythmus, so wird es schlecht. – Haben die Bergwälder unter blauem Himmel einen bläulich-violetten Schimmer und scheinen sie in weiter Ferne, dann bleibt es schön. Werden sie dagegen mit dem Himmel milchig-weiß oder grau, so schlägt das Wetter um. Erscheinen sie gar schwarzblau und zum Greifen nah, dann regnet es bald.

Die Aussagen eines Barometers sollten mit Vorsicht aufgenommen werden. Nur der Kundige versteht sie zu deuten. Merken wir uns nur, daß schnelles Steigen noch kein Hoch ankündigt, daß schnelles Fallen Gewitter anzeigt, daß nur eine langsame, anhaltende Bewegung nach unten ein Tief, und nur ein langsames, stetiges Steigen eine beständige Schönwetterlage voraussagen.

Es gibt zuverlässigere Wetterpropheten. Vieles in der Natur läßt auf die Wetterentwicklung schließen. Einheimische verstehen die Anzeichen meist besser zu deuten als Ortsfremde.

Viele Menschen fühlen das Wetter auf Grund von Krankheiten oder Verwundungen. Vielleicht gehören wir selber zu ihnen. Wenn Kellermauern schwitzen, Kanäle riechen, wenn der Schweiß nicht mehr trocknet, wenn

Mücken und Bremsen „mit Todesverachtung" Blut saugen, wenn Fische schnappen oder aus dem Wasser springen, wenn die Schwalben tief fliegen, wenn der Rauch träge über Dächer und Wälder zieht, wenn Geräusche – wie Glockenklang oder das Rattern eines Zuges – von weither zu hören sind, oder im Winter plötzlich dicker Rauhreif fällt, dann hält das Wetter nicht mehr lange. Auch Pflanzen und Tiere sind wetterempfindlich. Wenn der Löwenzahn seine gelben Blumen verschließt, wenn Wespen und Bienen stechlustig werden und Blindschleichen sich über die Wege schlängeln, wenn die Unken rufen, wenn rote und schwarze Regenschnecken übers Land ziehen, dann wissen auch sie, daß die trockenen Stunden gezählt sind. Der Ruf des Kuckucks und des Pfaus bedeuten dasselbe.
Es gäbe noch viele Anhaltspunkte für die Deutung der Wetterentwicklung. Wer mit offenen Augen durch die Natur geht, wird sie selbst entdecken, und wer es versteht, diese kleinen Erkenntnisse im Alltag anzuwenden, hat den gleichgültigen Mitmenschen viel voraus. Für den Wanderer und Bergsteiger ist die Kenntnis der Wetterregeln ein Gebot. Er wird sich und seinen Begleitern damit Ärger und Ungemach ersparen.

Der Hohe Bogen – ein Aussichtsberg

Von den Höhen des Oberpfälzer Waldes sieht der Hohe Bogen aus wie eine zum Sprung sich duckende Riesenkatze. Aus den Wiesengründen der Further Senke, aus dem Hohenbogenwinkel und aus dem Tal des Weißen Regens ragt er auf wie eine lange, dunkle Mauer. Er ist der nördlichste Berg im Hauptkamm des Bayerischen Waldes und Teil eines Höhenzuges, der sich vom Madersdorfer Sattel 20 km weit bis zum Osser hinzieht. Ausgedehnte Wälder, viele ragende Aussichtsgipfel mit fantastischen Talblicken, seine exponierte Lage inmitten tiefer, weiter Täler machen ihn zu einem beliebten Wanderziel. Trotz Straße und Sesselbahn, trotz UKW-Sender, Radarturm und dreier Unterkunftshäuser finden wir in seinen weiten Hochregionen noch jene Ruhe, von der viele Zeitgenossen heute nur noch träumen.
Von geübten Wanderern, die Karte und Kompaß zu gebrauchen wissen, kann der Berg eigentlich von allen Seiten angegangen werden.

Die gebräuchlichsten Aufstiege

Von Furth i. Wald

1. Über Wutzmühle – Grub – Katzenloch – Burgstall – zur Diensthütte (Markierung: grünes Dreieck im weißen Grund)
2. Über Wutzmühle – Grub – Sengenbühl – Oberdörfl – zum Burgstall oder zur Diensthütte (nur teilweise markiert; siehe Route 2!)
3. Über Oberrappendorf – Unterdörfl – Oberdörfl – zum Burgstall oder zur Diensthütte (Markierung: weiß-rot, F 3)

Von Oberdörfl

Über St. Wendelin – Stein. Brunnen – Diensthütte – zum Burgstall (nicht markiert, siehe Route 3!)

Von Neukirchen b. Hl. Blut

1. Über Tradt – Sautrift – Gasthaus Schönblick – Ahornriegel – Eckstein – Bärenriegel – zur Diensthütte (Markierung: weiß-rot, N 3, siehe Routen 2 und 4!)
2. Über Tradt – Neukirchener Touristenweg – zur Diensthütte (Markierung: weiß-rot N 3, siehe Route 4 im Abstieg!)
3. Mit der Sesselbahn zum Ahornriegel – Eckstein – Bärenriegel – zur Diensthütte (Markierung: weiß-rot, N 3, ab Ahornriegel)

Vom Waldschlößl

Über Geigenwiese – Gsellhofer Marterl – Ahornriegel – zum Eckstein (nur teilweise markiert, siehe Route 5!)

Von Hohenwarth

1. Über Ribenzing – Seelbrunn – zur Diensthütte (Markierung: weiß-grün, H 7)
2. Über Arnsdorf – Höllhöhe – Geigenwiese – Seelbrunn – zur Diensthütte (Markierung: bis Abzw. Geigenwiese weiß-grün, H 8, dann weiß-rot, R 3, ab Seelbrunn weiß-rot, R 2)

Von Watzlsteg (Grafenwiesen, Kötzting)

1. Über Unterzettling – Seelbrunn – zur Diensthütte (Markierung: grünes Dreieck im weißen Grund)
2. Über Rimbach – Ruine Lichtenegg – Teufelsbauer – zum Burgstall oder zur Diensthütte (nur teilweise markiert, siehe Route 6!)

Diese 12 Wege lassen sich als Aufstieg und Abstieg und mit der nachfolgend beschriebenen Hohenbogenrundwanderung – Route 1 – beliebig kombinieren.

1 Hohenbogen-Rundwanderung

Diensthütte – Bärenriegel (Pavillon) – Aussicht – Eckstein – Ahornriegel (Berghaus „Hohen Bogen“) – Schönblick – Ribenzinger Riegel – Diensthütte – Burgstall – Diensthütte. (s. Skizze S. 36)

Gehzeit: 3 Std. 40 Min. **Streckenverlauf:** leicht. **Höhenunterschied:** rund 300 m. **Erforderlich:** Karte, leichte Bergausrüstung. **Einkehrmöglichkeit:** Diensthütte, Berghaus „Hohen Bogen“, Schönblick.
Nur teilweise markiert.

Der Weg, der im Mittel immer in 1000 m Höhe verläuft, führt uns in etwa 3 Std. 40 Min. zu den schönsten Aussichtspunkten des Berges. Er beginnt bei der *Diensthütte Hohen Bogen,* wo er vom Neukirchener Touristenweg rechts in den Wald einbiegt. Der angenehm zu begehende Pfad windet sich durch stillen Hochwald nördlich um den Farrenruck herum. Waldüberschattete Berghöcker, Farn, Schmielgras, liegende morsche Bäume und grünbemooste Felsblöcke säumen ihn. Bald nimmt uns ein Ziehweg auf, der zunehmend grasig wird und als schmaler Fußpfad schließlich rechts zur baumfreien Muldeneben ansteigt, wo er auf den Kammweg trifft. Nur knapp 70 m folgen wir diesem nach Osten. Bei einer holzgefaßten Quelle mit einem Bankerl verlassen wir ihn wieder, um den zerklüfteten Bärenriegel links zu umgehen (30 Min.).
Wo der Wald lichter wird, haben wir – hart unter mächtigen Felstrümmern – einen bezaubernden Tiefblick auf die Talorte Stachesried und Neukirchen b. Hl. Blut. Ein verwitterter, hölzerner Pavillon lädt zum Verweilen ein. Über uns locken die Felsen des *Bärenriegels* zu halsbrecherischen Entdeckungsfahrten. Leider sind seine aufgerissenen Hänge in den letzten

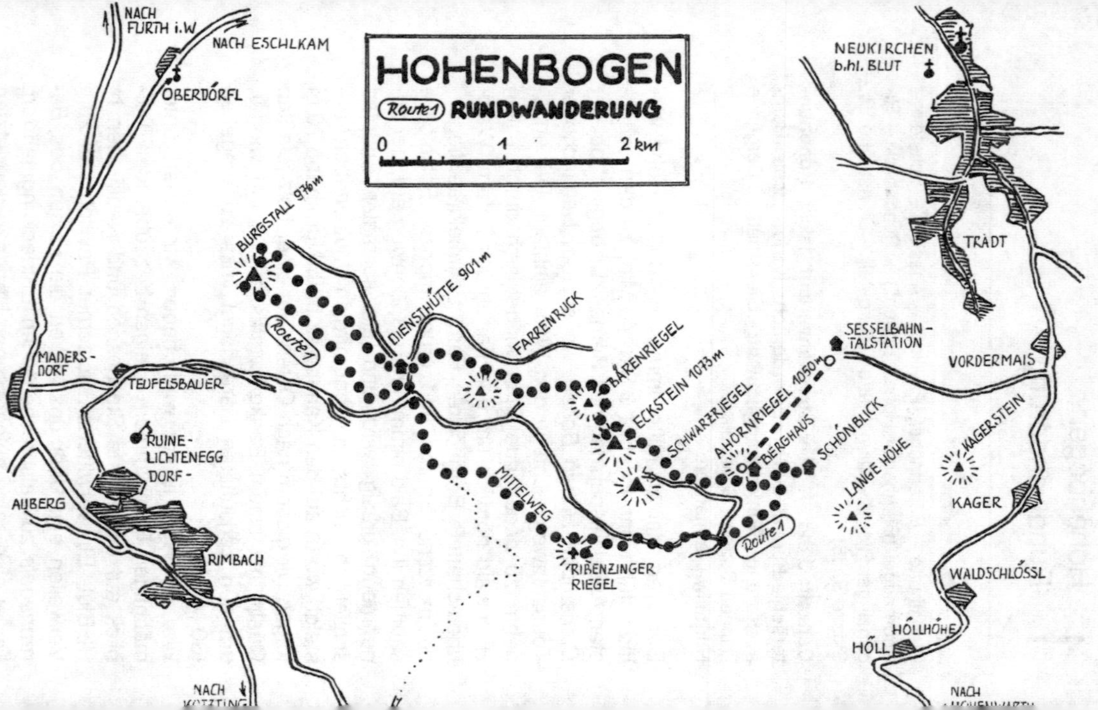
HOHENBOGEN
Route 1 RUNDWANDERUNG
0 1 2 km
NACH FURTH i.W
NACH ESCHLKAM
OBERDÖRFL
NEUKIRCHEN b.hl. BLUT
TRÄDT
BURGSTALL 976 m
Route 1
DIENSTHÜTTE 901 m
FARRENRUCK
BÄRENRIEGEL
ECKSTEIN 1073 m
SCHWARZRIEGEL
AHORNRIEGEL 1050 m
BERGHAUS
SCHÖNBLICK
SESSELBAHN-TALSTATION
VORDERMAIS
KAGERSTEIN
LANGE HÖHE
KAGER
MADERSDORF
TEUFELSBAUER
RUINE LICHTENEGG
DORF-
AUBERG
RIMBACH
MITTELWEG
RIBENZINGER RIEGEL
Route 1
WALDSCHLÖSSL
HÖLLHÖHE
HÖLL
NACH

Jahrzehnten so stark überwuchert, daß sie in Richtung Furth i. Wald keine Aussicht mehr zulassen.
Auf dem Weiterweg betrachten wir die ausgewaschenen, wild verworfenen Blöcke. 600 Jahrtausende mit Frost und Wärme, Regen und Sonne haben das Antlitz dieses Berghangs geprägt. Auf ähnliche Blockhalden treffen wir im Bayerischen Wald immer wieder.
Der Charakter des Waldes wechselt jetzt sehr rasch. Wo er am dunkelsten wird, an einer Wegkreuzung, steigen wir auf feuchtmoosigem Steig direkt gegen den Berg an und wenden uns nach Erreichen des Kammwegs wieder ostwärts.
Eine Tafel mit der Aufschrift „Herrliche Aussicht" macht auf eine kaum 100 m entfernte Stelle aufmerksam, wo wir einen schönen Blick in den Hohenbogenwinkel von Eschlkam bis Rittsteig haben (45 Min.).
Wieder auf dem Kammweg, kommen wir nach 50 m zu einer Weggabelung. Wir gehen links, den Sautriftweg, aber schon nach etwa 40 m steht rechts des Weges eine Buche mit einem eingekerbten Pfeil. Er zeigt hinauf zum *Eckstein,* der über eine hier beginnende, meist mit Astwerk verlegte Schneise zu ersteigen ist. Er ist der höchste und kühnste Aussichtsgipfel des Hohenbogen. Der bis auf „Tuchfühlung" heranreichende Drahtverhau einer militärischen Anlage sollte uns nicht stören – doch mahnt der nach Osten senkrecht abbrechende, kaum fünf Mann fassende Felsgipfel zur Vorsicht und Besonnenheit (55 Min.).
Noch tiefer sehen wir jetzt den Hohenbogenwinkel unter uns, altes grünes Kulturland mit zahlreichen Dörfern und Bauernhöfen und den Marktflecken Eschlkam und Neukirchen als Mittelpunkte. An den unteren Hängen des Hohenbogen liegen die sogenannten „Seligenthaler Bauern". Das sind große Höfe, die einst dem Kloster Seligenthal in Landshut gehörten. Seit Jahrhunderten zogen die Pilger zum 500jährigen Marienwallfahrtsort Neukirchen b. Hl. Blut, der seine Entstehung nach der Legende in der Hussitenzeit um 1430 haben soll. Neukirchen fühlt sich heute noch in einer Schicksalsgemein-

schaft mit der alten Grenzstadt wie zur Zeit der Further Grenzfahne, als Furth den Hauptmann, Eschlkam den Leutnant und Neukirchen den Fähnrich beherbergten. Im 30jährigen Krieg hat man gemeinsam den Winkel zwischen Landesgrenze und Hohenbogen gegen die Schweden bis zum Untergang verteidigt.

Aus Eschlkam stammt Maximilian Schmidt, der Bayerwalddichter des vorigen Jahrhunderts, aus Neukirchen Klara Hackelsperger-Rötzer, deren Roman „Die Sonnleitnerin“ literarischen Ruhm erlangte. Warzenried und Rittsteig auf deutscher, Neumark, St. Katharina und Neuern auf tschechischer Seite, diese einstigen deutschen Siedlungen scheidet der Eiserne Vorhang heute verschiedenen Welten zu.

Wir müssen wieder zurück zur Buche mit dem Pfeil. – Der Sautriftweg nach Neukirchen umgeht nun den Eckstein durch den steilen und nassen Nordhang, berührt nach 10 Min. kurz die Militärstraße zum *Schwarzriegel* und erreicht über einige Höcker den *Ahornriegel* (1050 m), der die Sesselbahn-Bergstation und das *Berghaus „Hohen Bogen“* trägt. Auch vom Ahornriegel haben wir wieder eine hervorragende Aussicht (70 Min.).

Über die Abfahrtsschneise schauen wir in den Lamer Winkel mit dem gewaltig aufsteigenden Osser und dem Arber im Hintergrund. Folgen wir der Schneise abwärts, dann finden wir in der Kurve, rechts ab, einen Weg zum nahen Berggasthaus *Schönblick* (links sehen wir die kleine Bergkapelle). Eine etwas längere Rast an einem warmen, sonnigen Tag auf der Terrasse des Gasthofs mit dem wirklich großartigen Blick ins Tal bis weit nach Böhmen hinein ist unvergeßlich (80 Min.).

Jetzt gehen wir auf einem guten Fahrweg hinüber in den Südhang des Berges. Er mündet in die vom Schwarzriegel kommende Militärstraße. Da diese für den allgemeinen Verkehr gesperrt ist, dient sie uns als angenehme Promenade durch den menschenleeren Wald. Sie führt im weiteren Verlauf an der Diensthütte vorbei zum Teufelsbauer (Hinterlichtenegg) hinunter. Aber schon nach

wenigen hundert Metern steht rechts ein hölzerner Pavillon. Genau an dieser Stelle schert links unmarkiert, der sogenannte „Mittelweg" in den Südhang hinein. Ihm folgen wir.
Nach 150 m sehen wir rechts über uns grobe Gesteinstrümmer. Sie setzen sich links des Weges fort und werden schließlich zu einem von Schmielgras überwachsenen, schmalen Felsgrat. Gehen wir auf ihm unbeirrt weiter und kriechen wir zuletzt noch unter tiefhängenden Ästen hindurch, so stehen wir überrascht auf einem der einsamsten Aussichtspunkte des Hohenbogen, auf dem *Ribenzinger Riegel* (110 Min.), einem mächtig über den Wald aufragenden Felsen, der uns eine prächtige Aussicht auf Hohenwarth und in das Regental von Kötzting bis zum Arber schenkt.
Der unmarkierte Mittelweg und der von Watzlsteg kommende Hauptwanderweg (grünes Dreieck im weißen Grund), oder die Straße, die wir beim Pavillon verlassen haben, bringen uns zur Diensthütte (155 Min.).
Von ihr gehen wir in einer halben Stunde auf dem sonnigen, asphaltierten Senderweg durch den Südhang zum *Burgstall,* einem der schönsten Aussichtspunkte des Gebirges mit Kreuz und Senderanlage (185 Min.). Der markante Gipfel trug um 1190 die Burg eines Albrecht von Bogen. Nördlich führt der Weg (weiß-rot, HB 2,) steil über Steinblöcke durch den Wald abwärts und durch den Nordhang des Berges angenehm zurück zur Diensthütte (220 Min.).

Die im folgenden beschriebene Kammwanderung von Furth i. Wald über den Hohenbogen bis zum Tanneneck gilt als eine der großen, schönen Bergfahrten des nördlichen Bayerischen Waldes und ist Variante zum europäischen Fernwanderweg Ostsee – Adria. Sie kann Teil eines mehrtägigen Wanderprogramms sein, oder bei Benützung des Postbusses auch als Tagestour mit Start und Ziel in Furth i. Wald ausgeführt werden.

2 Furth i. Wald – Hohenbogen – Tanneneck

Furth i. Wald – Grub – Sengenbühl – Oberdörfl – Burgstall – Diensthütte Hohenbogen – Eckstein – Ahornriegel – Schönblick – Waldschlößl – Höllhöhe – Kolmstein – Tanneneck. (s. Skizze S. 41)

Gehzeit: 6 Std. 10 Min. **Streckenverlauf:** mittelschwer. **Höhenunterschied:** rund 1300 m. **Erforderlich:** gute Kondition, Karte, Bergausrüstung. **Einkehrmöglichkeit:** Diensthütte, Berghaus Hohen Bogen, Schönblick, Waldschlößl, Tanneneck.
Markierung: Hauptwanderweg – grünes Dreieck im weißen Grund von Furth bis hinter Grub und ab Burgstall Hohenbogen bis Tanneneck. Zwischenstück unmarkiert.

Furth i. Wald – Grenzstadt gegen die CSSR, mit zwei Grenzübergängen (Schiene und Straße) – liegt in der Further Senke, die als das alte Völkertor zwischen Ost und West bezeichnet wird. Als Durchzugsgebiet von Kriegsheeren, als Einfallspforte des slawischen Nachbarn hatte der Winkel viel zu leiden. Unvergessen im Volk sind die Hussiten und die Schweden. Der Drache, der im „Further Drachenstich" alljährlich seit 550 Jahren besiegt wird, ist heute Sinnbild aller Nöte, die dieses Tal schon heimsuchten.
Aus der Further Senke führt uns der nördliche Hauptwanderweg (grünes Dreieck im weißen Grund) über die Wutzmühle durch den Wald hinauf zu den freien Höhen bei *Grub* (45 Min.). Sie bieten schöne Ausblicke zurück in die Niederung, zum böhmischen Cerkov, hinüber zum hochgelegenen Eschlkam und weit hinaus in das Tal der Chamb. Dann nimmt uns der Wald auf, der auf 150 km nur selten mehr von schmalen, grünen Tälern oder von Berglichtungen unterbrochen wird. So ein einsames Wiesental haben wir zu queren, wenn wir schon bald vom Hauptwanderweg links abzweigen nach Sengen-

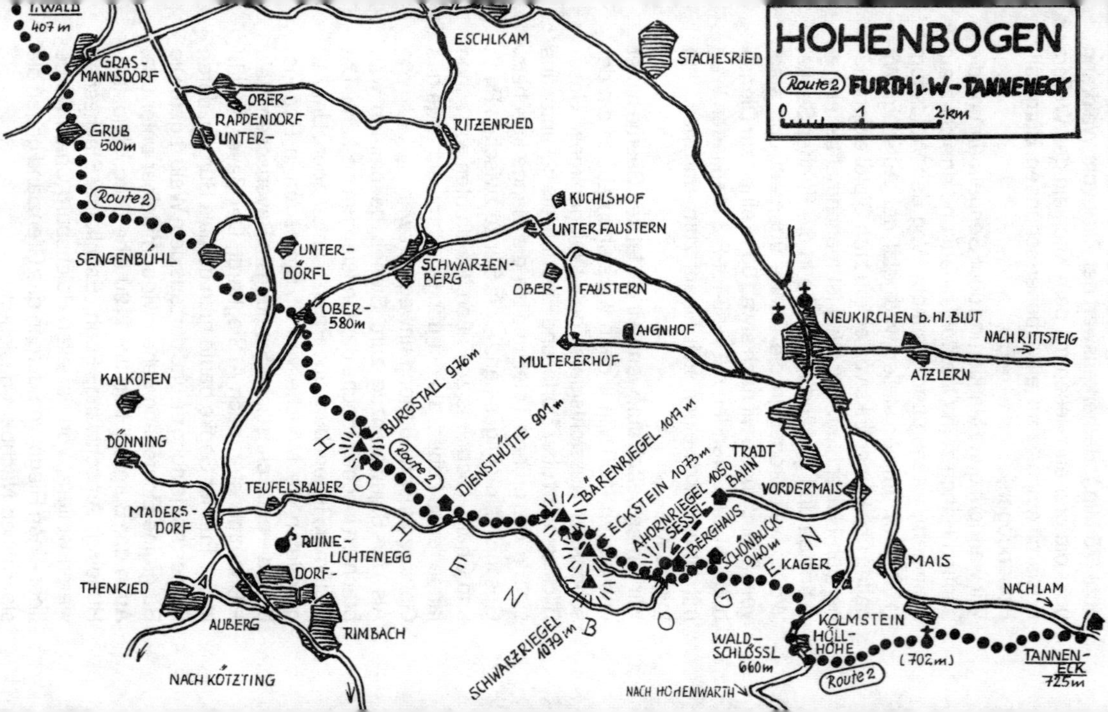
HOHENBOGEN
Route 2 FURTH i. W - TANNENECK
0 1 2km
407 m
GRAS-
MANNSDORF
GRUB
500m
Route 2
SENGENBÜHL
ESCHLKAM
STACHESRIED
OBER-
RAPPENDORF
UNTER-
RITZENRIED
KUCHLSHOF
UNTERFAUSTERN
UNTER-
DÖRFL
SCHWARZEN-
BERG
OBER-
FAUSTERN
OBER-
580m
NEUKIRCHEN b. hl. BLUT
AIGNHOF
NACH RITTSTEIG
MULTERERHOF
ATZLERN
KALKOFEN
BURGSTALL 976m
DIENSTHÜTTE 901m
BÄRENRIEGEL 1017 m
ECKSTEIN 1073m
AHORNRIEGEL 1050
SESSEL-
BAHN
TRADT
BERGHAUS
SCHÖNBLICK
940 m
VORDERMAIS
DÖNNING
TEUFELSBAUER
MADERS-
DORF
RUINE-
LICHTENEGG
DORF-
THENRIED
AUBERG
RIMBACH
NACH KÖTZTING
H O H E N B O G E N
SCHWARZRIEGEL
1079 m
KAGER
MAIS
NACH LAM
KOLMSTEIN
HÖLL-
HÖHE
WALD-
SCHLÖSSL
660m
(702m)
TANNEN-
ECK
725m
NACH HOHENWARTH

bühl (75 Min.). Bemerkenswert der Blick vom Waldrand über die grünen Wiesen mit dem Kirchlein des Weilers Enklarn, empor zum alles beherrschenden Burgstall-Hohenbogen.
Wir wandern ohne Markierung über *Sengenbühl* und die sanften Hänge zum *Oberdörfl* hinauf und erreichen auf steinigem, wasserüberflossenem Weg den Waldsaum (100 Min.). Immer steiler wird jetzt der Aufstieg. Wir halten uns immer links von einem zum Gipfel emporziehenden Holzschlag. Der Weg ist manchmal tief eingeschnitten und gewährt Ausblicke in die Further Senke. Wo er weit droben in die Ebene übergeht und stark verwächst, finden wir nach etwa 100 m einen zur Diensthütte weiterführenden mit weiß-rot-F 3 markierten Weg mit einem Abzweiger steil hinauf zum *Burgstall.* Ihm folgen wir.
Wir atmen befreit auf, wenn wir die letzten Bäume hinter uns lassen (150 Min.), denn wir stehen auf einem der schönsten Aussichtsgipfel des Waldgebirges. Unser Blick wandert über Dörfer und Einöden, die tief unter uns sich in die grünen Täler und an die Hänge kuscheln. Geschichtsträchtiges Land – die Senke zwischen Furth und Cham – liegt uns zu Füßen. Da drunten war schon lange reges Leben, als der übrige „Nordwald", wie das Gebirge einst hieß, noch unwegsam war.
Als der Bajuwarenzug zum Stehen gekommen war, brachten irische Mönche das Christentum ins Land. Die Bistümer Regensburg und Passau entstanden. Um 740 gründeten die Mönche von St. Emmeram in Regensburg die erste christliche Siedlung im Bayerischen Wald – Chammünster (nach A. Sieghardt, Der Bayer. Wald)! In der Further Senke baute man damals Burgen, deren Ruinen heute noch da und dort aus dem Wald ragen. Die Burgruine Lichtenegg sehen wir unmittelbar unter uns. Auch der Burgstall trug um 1190 eine Burg. Haidstein, Runding, Arnschwang, Furth, Eschlkam, Stachesried waren weitere. Von der alten Reichsburg Cham wurde über einen Riegel von Burgen das Grenzland gegen die slawischen Nachbarn gesichert. –

Um 1100 kamen die Mönche von Rott am Inn – von der Pfalzgräfin von Cham gerufen und von ihrem Gatten mit dem Gebiet von Kötzting belehnt – in das Tal des Weißen Regens. Damals trieben sie die Besiedelung vor bis Arrach.
Auf dem Haidstein weilte um 1200 der Minnesänger Wolfram von Eschenbach und sang der schönen Elisabeth von Cham-Vohburg seine Lieder. In seiner bedeutendsten Dichtung, im Parzifal, finden wir den Haidstein und seine Herrin verewigt.
Die Sage erzählt, daß der Burgstall eine verwunschene Jungfrau und einen Goldschatz – beide gehütet von einem feurigen Drachen – birgt, die der Erlösung harren.
An klaren, föhnigen Tagen sehen wir im Süden die Alpen, im Norden das Fichtelgebirge, im Westen den Jura und im Osten den Weißen Berg bei Prag.
Jetzt überschreiten wir den Hohenbogenkamm. Ein guter Weg führt uns im Südhang zunächst zur Diensthütte (180 Min.). Fast alpin ist dagegen der manchmal felsige Grat von dem wir Rimbach und das Regental unter uns sehen. Beide Wege führen zu einem grasigen Sattel, in dem wir unter riesigen Buchen die Diensthütte, ein viel besuchtes Berggasthaus, finden, über das der im Krieg verschollene Dichter Johannes Linke aus Rimbach oft geschrieben hat. Hier treffen sich die Aufstiege von allen Seiten.
Unser Weg führt etwa 80 m eben weiter und steigt dann zum Farrenruck empor. Bald durchschreiten wir die Muldeneben, halten uns 50 m hinter der Wasserstelle rechts und kommen auf dem Bärenriegel erstmals über die 1000 m-Grenze (210 Min.).
Durch den lichten Kammwald nähern wir uns der „Herrlichen Aussicht“, die wir genießen sollten, steigen zum *Eckstein* auf, queren zum *Ahornriegel* hinüber, den Sesselbahnbergstation und Berghaus krönen, und kommen zum Berggasthof *Schönblick* (250 Min.). Der Neukirchener Sautriftweg führt hinter einem kleinen waldigen Hökker steil abwärts, bis er sich in 750 m Höhe – an der

sogenannten Sautrift – gabelt. Rechtsab kommen wir in wenigen Minuten, dem grünen Dreieck folgend, zum *Waldschlößl,* einer romantisch gelegenen Bergwirtschaft, und zur *Höllhöhe,* über die die Straße von Neukirchen nach Hohenwarth führt (290 Min.).
An Totenbrettern vorbei, treten wir wieder in den Wald ein und verlassen ihn nach etwa einer halben Stunde erneut beim Wallfahrtskirchlein auf dem *Kolmstein* (320 Min.). Nochmals sehen wir die hellen Häuser von Neukirchen aus dem Tal heraufleuchten. Mächtig erhebt sich im Westen der Rücken des Hohenbogen über die Wälder, aus denen wir kamen. Die Markierung „grünes Dreieck" zweigt jetzt rechts ab nach Lam. Die weiß-rote Markierung „N 9" führt uns durch moosig-grünen, lichten Wald hinüber zum *Tanneneck.* Wir queren die Straße von Furth nach Lam (Bushaltestelle). Dann nimmt uns das bäuerlich stille, gastliche Haus auf (370 Min.).

Drei Möglichkeiten bestehen, um vom Tanneneck zum Osser zu kommen:
1. Über Buchetbühl – Lambach – Osser
2. Über Buchetbühl – Lam – (verschiedene Wege) – Osser
3. Über Fahrenberg – Rotes Kreuz – Zwieseleck – Jägerhübel – Osser (siehe Route 20!)

3 Oberdörfl – St. Wendelin – Hohenbogen – Oberdörfl

Oberdörfl – St. Wendelin – Steinernes Brünnl – Diensthütte – Burgstall – Kleine Eben – Oberdörfl. (s. Skizze S. 46)

Gehzeit: 3 Std. **Streckenverlauf:** leicht. **Höhenunterschied:** 850 m. **Erforderlich:** Karte, Kompaß, kleine Bergausrüstung. **Einkehrmöglichkeit:** Diensthütte.
Nicht markiert.

Immer mehr Wanderer sehnen sich nach Einsamkeit. Nicht selten verlassen sie deshalb die markierten Wege und gehen einfach quer durch den Wald. Bei dieser Art des Wanderns sind eine gute Kenntnis im Kartenlesen und der sichere Gebrauch des Kompasses Voraussetzung. Beides ist leicht zu erlernen. Ein Höhenmesser gäbe zwar noch größere Sicherheit, doch unsere Wälder und Berge sind nicht so wild und tückisch, daß man nicht auch ohne ihn zurechtkäme.
Hier zum Training eine Hohenbogenbesteigung, bei der eigentlich nichts schief gehen kann:
Wir fahren den Weiler *Oberdörfl,* an der Straße von Rimbach nach Eschlkam, an. 300 m ostwärts des Kirchleins quert der Wanderweg „F 3" von Furth die Straße nach Schwarzenberg. Ihm folgen wir 5 Min. bergwärts und verlassen ihn dann, um den Sattel zwischen Geißberg und Hohenbogen zu überschreiten. Der jetzt unmarkierte Weg führt etwas verworren durch ein Blockfeld. Wir nehmen deshalb den Kompaß zu Hilfe, halten uns mit Marschzahl 35½ nach Südosten und gewinnen schräg hangaufwärts ständig an Höhe. Nach 20 Min. treffen wir auf einen steil von links heraufkommenden, außerordentlich steinigen Hohlweg, dem wir folgen. 5 Min. weiter kommen wir an einem Baum vorbei, an dem eine dem hl. Wendelin gewidmete Votivtafel hängt. Danach durchschreiten wir ein interessantes Quellge-

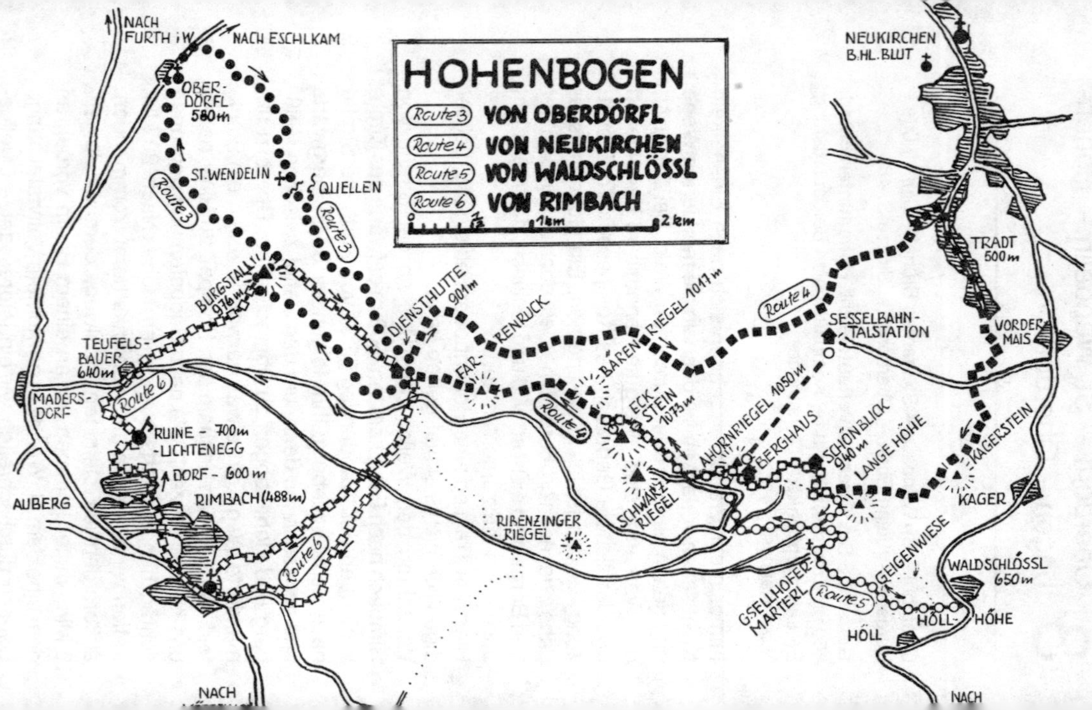
HOHENBOGEN
Route 3 VON OBERDÖRFL
Route 4 VON NEUKIRCHEN
Route 5 VON WALDSCHLÖSSL
Route 6 VON RIMBACH
0
1 km
2 km
NACH FURTH i.W.
NACH ESCHLKAM
OBER-DÖRFL 580 m
ST. WENDELIN
QUELLEN
Route 3
BURGSTALL 976 m
TEUFELS-BAUER 640 m
MADERS-DORF
Route 6
RUINE - 700 m -LICHTENEGG
DORF - 600 m
RIMBACH (488 m)
AUBERG
NACH
DIENSTHÜTTE 901 m
FAR-RENRUCK
BÄREN-RIEGEL 1017 m
Route 4
ECK-STEIN 1073 m
SCHWARZ-RIEGEL
RIBENZINGER RIEGEL
AHORNRIEGEL 1050 m
BERGHAUS
SCHÖNBLICK 940 m
LANGE HÖHE
SESSELBAHN-TALSTATION
NEUKIRCHEN B.HL.BLUT
TRADT 500 m
VORDER-MAIS
KAGERSTEIN
KAGER
GSELLHOFER-MARTERL
Route 5
GEIGENWIESE
WALDSCHLÖSSL 650 m
HÖLL
HÖLL-HÖHE
NACH

biet. Der steinige Weg ist wasserüberrauscht und stellenweise mannstief aufgerissen. Nach 30 Min. kommt rechts ein starker Quell aus dem Hang – das *Steinerne Brünnl.* Keine 100 m weiter, links, tritt der wasserreiche Odelhanslbrunnen aus dem Berg. In gleicher Richtung unbeirrt aufwärtsschreitend – ob mit oder ohne Weg – erreichen wir nach 55 Min. in 850 m Höhe den breiten, fast horizontal durch die Nordflanke des Berges verlaufenden Schwarzenberger Weg – eine mit Gras bewachsene einsame Fahrstraße, der wir nach links folgen. Nach einer scharfen Kurve führt sie uns schließlich leicht steigend zur *Diensthütte,* einer empfehlenswerten Einkehr (70 Min.).

Hier treffen sich viele Wanderwege. Sie gestatten jede Kombination. Besonders der Kammweg zum Eckstein, Ahornriegel, Schönblick – und ein Rundwanderweg (Route 1) sind für gute Geher als Ausweitung der hier vorgeschlagenen Tour interessant (zusätzlich bis zu 4 Std.).

Nach kurzer Rast besteigen wir den *Burgstall,* einen der schönsten Aussichtspunkte des Bayerischen Waldes. – Drei verschiedene Wege kommen dafür in Frage. Der leichteste ist der asphaltierte Hauptwanderweg oder Senderweg durch den Südhang. Der stellenweise recht wilde Gratweg über Kohl- und Wolfsriegel ist ein nur dürftig erkennbares Steiglein über Felsen und durch knietiefes Reischgras. Der Further Weg schließlich zieht durch den Nordhang. Von ihm leiten ein bequemer und zwei steile Aufstiege zum Gipfel empor. Der einsamste und schönste aber, den wir wählen, ist wohl der Further Weg in Verbindung mit der Markierung „HB 2“, die erst über einen lauschigen Forstweg mit Ruhebank und zuletzt sehr steil den 976 m hohen Burgstall angeht (110 Min.). Die Aussicht vom Gipfelplateau ist an klaren Tagen überwältigend. Sie reicht manchmal bis zu den Alpen, zum Jura, zum Fichtelgebirge und bis in die Gegend von Prag.

Der Abstieg folgt zunächst in jedem Fall der Markierung „F 3“ bis zum erwähnten Further- oder Diensthüttenweg. Sie würde uns dann weiter sicher abwärts zum Ausgangspunkt führen. – Aber auch auf einem anderen Weg finden wir zum Oberdörfl. Wenn wir in Verlängerung des Further Weges ohne Markierung etwa 100 m den Wald durchschreiten – der Weg ging noch vor 30 Jahren durch –, kommen wir auf den ehemaligen Abstieg vom Burgstall zum Oberdörfl. Er wird heute nicht mehr begangen, ist aber dem hier meist kräftig blasenden Westwind ausgesetzt und gewährt gute Tiefblicke nach Sengenbühl und in die Further Senke. Er führt als Ziehweg immer steil bergab, ist bald grasig, bald moosig, dann wieder steinig mit Hohlwegcharakter und im unteren Verlauf wasserüberflossen. Beim Kirchlein trifft er auf die Straße (180 Min.).

4 Neukirchen b. Hl. Blut – Tradt – Hohenbogen – Neukirchen

Neukirchen b. Hl. Blut – Tradt – Sautrift – Lange Höhe – Schönblick – Ahornriegel – Eckstein – Bärenriegel – Diensthütte – Tradt – Neukirchen b. Hl. Blut. (s. Skizze S. 46)

Gehzeit: Etwa 3 Std. 40 Min. **Streckenverlauf:** mittelschwer. **Höhenunterschied:** 1300 m. Erforderlich: Karte, kleine Bergausrüstung. **Einkehrmöglichkeit:** Schönblick, Berghaus Hohen Bogen, Diensthütte.
Markierung: s. Text!

Unser Ausgangspunkt ist Neukirchen b. Hl. Blut. Man sollte diesen bekannten Wallfahrtsort allerdings nicht gleich verlassen, ohne die reich ausgestattete Wallfahrtskirche Mariä Geburt (17./18. Jh.) besichtigt zu haben. Sie ist zu einer Hälfte Pfarr- und zur anderen Hälfte Franziskanerklosterkirche. Ein doppelter Hochaltar trennt beide. Sie ist die einzige Doppelkirche ihrer Art in Europa.
Im unteren Markt queren wir den Bach und fahren im Ortsteil Tradt bis zum großen Parkplatz rechts der Straße. Würden wir hier schon der Markierung „N 3" folgen, so kämen wir zur Diensthütte Hohenbogen. Deshalb gehen wir zunächst die Hauptstraße südwärts bis zum letzten Haus (15 Min.). Von da führt uns die weiß-rote Markierung „N 3" auf gutem Fahrweg sofort in den Wald und an zwei Lichtungen vorbei bergwärts in den Sattel zwischen Kagerstein und Langer Höhe. Nach 25 Min. queren wir die Straße zur Sesselbahntalstation.
Hier beginnt der sogenannte *Sautriftweg,* ein steiniger, feuchter Ziehweg mit der zusätzlichen Markierung „weiße 3 auf blauem Grund". Nach 45 Min. treten wir auf eine kleine, grasige Lichtung hinaus, wo sich mehrere Wege kreuzen. Es ist die *Sautrift*, die 750 m hoch liegt. Hier kommt auch der Aufstieg vom Waldschlößl herauf. Mit

ihm vereinigt, führt die „N 3“ über die *Lange Höhe* – immer steiler werdend – bis auf 920 m empor, wo nach 75 Min. – unmittelbar vor dem Brechpunkt – scharf rechts ein Steiglein zum Gasthaus *Schönblick* abzweigt (80 Min.). Gute Einkehr – großartiger Talblick!
Auf gutem Fahrweg kommen wir dann in 5 Min. zur Skiabfahrt. Rechts, auf freiem Gelände die kleine, hölzerne Bergkapelle! Jetzt über die grasige Schneise empor zum *Ahornriegel* (90 Min.) mit der Bergstation der Hohenbogensesselbahn und dem Berghaus Hohen Bogen, in dem man ebenfalls preiswert einkehren kann. Prachtvoller Blick in den Lamer Winkel, zu Osser, Arber und Kaitersberg und auf Neukirchen b. Hl. Blut!
Wir folgen weiter der Markierung „N 3“, berühren die Militärstraße, durchschreiten den steilen, feuchten Nordhang – und steigen dort, wo der Hang flach wird, über eine kaum noch erkennbare Schneise hinauf zum beherrschenden Aussichtsfelsen des *Eckstein* (1073 m) (110 Min.). Nach angemessener Gipfelrast kehren wir wieder zu unserem Weg zurück. 40 m weiter kommt von links der Weg vom Schwarzriegel herüber, nach weiteren 50 m weist eine Tafel zur nur 100 m entfernten „Herrlichen Aussicht“. Wir sollten sie uns nicht entgehen lassen.
Der Hauptweg führt weiter zum *Bärenriegel* (120 Min.), einem zerborstenen Felsgipfel, und anschließend in den baumfreien Sattel der Muldeneben hinab (125 Min.). Hier eine gefaßte Quelle! Noch einmal müssen wir hinauf zum *Farrenruck,* überschreiten ihn und erreichen nach 140 Min. die *Diensthütte.* Auch sie kann zur Einkehr empfohlen werden.
Die „N 3“ geleitet uns über den stillen Neukirchener Touristenweg, einen anfänglich fast horizontal durch die Nordflanke des Berges ziehenden guten Fahrweg, ostwärts. Er endet bei einer holzgefaßten Quelle (165 Min.). Jetzt beginnt der eigentliche Abstieg, ein bald steiniger, bald grasiger, schmaler Gangsteig, den viele Wasser queren. Wir treffen auf ein Wasserreservoir und wenig später (185 Min.) auf die Straße zur

Talstation der Sesselbahn. Eine Markierung „N 3" folgt ihr, eine andere führt jenseits der Straße auf romantischem Waldpfad erst steil, dann immer flacher abwärts bis Neukirchen. Wo wir den Wald verlassen, beginnen schon die Häuser der *Tradt.* Nur noch wenige Schritte und wir sind wieder bei unserem Parkplatz angelangt (220 Min.).

5 Waldschlößl – Geigenwiese – Hohenbogen – Waldschlößl

Waldschlößl – Geigenwiese – Gsellhofer Marterl – Ahornriegel – Eckstein – Ahornriegel – Schönblick – Lange Höhe – Gsellhofer Marterl – Geigenwiese – Waldschlößl. (s. Skizze S. 46)

Gehzeit: 2 Std. 55 Min. **Streckenverlauf:** leicht. **Höhenunterschied:** 1040 m. **Erforderlich:** Karte, Kompaß, leichte Bergausrüstung. **Einkehrmöglichkeit:** Berghaus Hohen Bogen, Schönblick.
Nur teilweise markiert.

Wenn man von Neukirchen b. Hl. Blut über Kager und die Höllhöhe nach Hohenwarth fährt, kommt man kurz vor der Paßhöhe an einigen Häusern vorbei. Dort finden wir auch die Bergwirtschaft *Waldschlößl.* Sie soll unser Ausgangspunkt sein.
Von der Straße führt ein breiter Fahrweg mit der Markierung „weiße 3 im roten Grund“ in 5 Min. zur idyllisch-einsamen *Geigenwiese* empor. Der Weg umgeht sie an ihrem Südrand. Rechts sind noch die Grundmauern eines verfallenen Bauernhauses sichtbar. Aus ihnen wachsen Brennesseln und Hollunder. – Bevor wir am oberen Ende der Lichtung (15 Min.) der Markierung in den Wald folgen, haben wir noch einen herrlichen Ausblick zum Osser und zum Arber.
Der Weg führt nun, immer steiler werdend, den Hang hinauf. Schon nach 100 m queren wir den ersten Fahrweg. Wir steigen weiter bergwärts und kommen in 790 m Höhe beim *Gsellhofer-Marterl* auf eine grasige Forststraße (25 Min.). Jetzt verlassen wir die nach links weiterführende Markierung, gehen etwa 300 m nordostwärts – also auf der Straße nach rechts – bis ein mäßig steiler Fahrweg links – und zwar direkt westwärts abzweigt und 1000 m weit durch den ganzen Berghang bis in 940 m Höhe hinaufquert. Er kreuzt nach 400 m eine

Forststraße (40 Min.), die von der Langen Höhe über den Seelbrunnen 6 km weit bis zum Teufelsbauer (Hinterlichtenegg) zieht. Mit der Höhe nehmen auch die Felsen zu. Unser Wanderweg wird zum Gras bewachsenen Bergsteig. Nach 55 Min. erscheint links von uns ein markanter Felsen mit hohen Fichten. Hier erreichen wir das Knie der Zufahrtsstraße zum Schönblick. Schöner, romantischer Platz! Vom *Ahornriegel* schaut schon das Berghaus Hohen Bogen herunter.
Wir benützen nun keine der Straßen, denn ein stark vergraster Waldsteig bietet sich an. Auf ihm kreuzen wir zweimal die Militärstraße zum Schwarzriegel (schneiden die Serpentine ab!) und kommen schließlich auf den Berggrat (75 Min.), wo uns die Markierung „N 3" über Steintreppen oder die Straße direkt zum Berghaus (80 Min.) führt.
Den *Eckstein* (1073 m) können wir, der Markierung „N 3"/ „HB 1" durch den Nordhang des Berges folgend, in weiteren 20 Min. besteigen. Es kommt dabei darauf an, daß wir gleich, nachdem der Hang links flach wird – noch 40 m vor Vereinigung mit dem mit grünem Dreieck bezeichneten Weg – links ohne Markierung und Hinweis eine verwilderte Schneise emporsteigen. Der bis an Tuchfühlung heranreichende Stacheldraht sollte uns nicht schrecken. – Der Gipfel überrascht durch seinen kühnen Felsen und eine fantastische Sicht in den Hohenbogenwinkel von Furth bis Rittsteig und weit nach Böhmen hinein.
(Wird hier die gut markierte Gratwanderung bis zum *Burgstall* angeschlossen, so darf mit 2½ Std. zusätzlicher Gehzeit gerechnet werden.) Vom Eckstein nehmen wir denselben Weg zurück. Den Abstieg vom Ahornriegel beginnen wir über die Abfahrtsschneise mit schönem Blick in den Lamer Winkel und zum Künischen Gebirge (nicht markiert). Wir können dann entweder auf gutem Fahrweg das Berggasthaus Schönblick erreichen (130 Min.) und der „N 3" folgen, oder wir gehen auf dem genannten Fahrweg etwa 50 m nach rechts und gelangen auf einem links abzweigenden, unmarkierten

Weg direkt in den steil abfallenden, mit „N 3" bezeichneten Sautriftweg.– Wo der Steig vom Schönblick einmündet, noch etwa 50 m abwärts, und dann wieder auf einem unmarkierten Fahrweg rechts (135 Min.)! Links die Felsen der Langen Höhe mit trigonometrischem Punkt. Wir befinden uns auf der schon erwähnten 6 km langen Forststraße (Riegelweg!). Wo sie sich auffallend verbreitert, sind wir wieder auf unserer Aufstiegsroute (150 Min.). Wir steigen links in den Hang hinein und erreichen über den ersten Querweg rechts das *Gsellhofer-Marterl* (155 Min.).
Jetzt brauchen wir nur noch der Markierung „weiße 3 im roten Grund" zu folgen, um nach fast 3 Std. wieder beim *Waldschlößl* zu sein.

6 Rimbach – Lichtenegg – Hohenbogen – Rimbach

Rimbach – Lichtenegg – Teufelsbauer – Burgstall – Diensthütte – Aignhof – Rimbach. (s. Skizze S. 46)

Gehzeit: 4 Std. **Streckenverlauf:** mittelschwer. **Höhenunterschied:** 1300 m. **Erforderlich:** gute Kondition, Karte, Kompaß, Bergausrüstung. **Einkehrmöglichkeit:** Diensthütte.
Nur teilweise markiert.

Der rund 450 m hoch gelegene Pfarrort *Rimbach* an der Straße von Kötzting nach Furth i. Wald soll Ausgangsort unserer Tour sein. Er ist dank seiner Lage und waldreichen Umgebung zu einem beliebten Ferienort geworden, bietet gute Gastronomie und beeindruckt durch die schon 1438 beurkundete Michaelskirche. Hier schrieb der gebürtige Dresdner Johannes Linke (geb. 1900), der seit dem letzten Krieg vermißt ist, seine Bücher über den Bayerischen Wald.
Vom großen Parkplatz vor dem Bayerischen Hof steigen wir rechts der Dorfstraße zur Totenbrettergruppe empor und kommen zwischen Feldern und Neubauten hinauf zum Dorf *Lichtenegg.* Vor uns steht wie eine gewaltige Mauer der Hohe Bogen. Mit zunehmender Höhe wird der Blick ins Regental mit dem dunklen Kaitersberg im Hintergrund immer schöner. Im Ort queren wir die Böhmerwaldstraße und erreichen nach 25 Min. einen Transformator am nördlichen Ortsrand. Jetzt folgen wir der Markierung „R 4". Sie bezeichnet einen Fahrweg zur Burgruine, der bei einer Sitzgruppe (35 Min.) vom Hauptweg rechts abzweigt. Seine weite Endserpentine kürzen wir über ein steil zur nur noch 100 m entfernten Ruine ansteigendes Weglein ab und betreten diese an der gleichen Stelle wie der Fahrweg (45 Min.).
Wall, Graben, einige Mauern und der runde 20 m hohe Turm sind verhältnismäßig gut erhalten. Der Bergfried

ist zur Zeit leicht besteigbar und bietet einen bezaubernden Rundblick. Imposant ragt der 976 m hohe Burgstall Hohenbogen im Nordosten auf. Der *Teufelsbauer* zu seinen Füßen, auf der grünen Waldlichtung, ist unser nächstes Ziel. Wir erreichen ihn durch die nördliche Pforte auf gutem Weg in 15 Min. (mit Turmbesteigung 75 Min.).

Schon gleich nach der Kurve, wo die Straße zum Hohenbogen in den Wald eintritt, zweigt links ein Fahrweg ab. Ihm folgen wir. Er gabelt sich bald mehrmals und ist später kaum noch erkennbar. Dies sollte uns nicht stören. Unser Aufstieg wird durch drei Komponenten bestimmt: Wir sollten versuchen, möglichst an Höhe zu gewinnen, unsere allgemeine Richtung sollte rechts vom Burgstall vorbeizielen (Marschzahl 22), und wir sollten den Kabelweg, den wir queren müssen, nicht übersehen. Letzterer ist durch aufgehäufte Steine und Blöcke und durch gesetzte Kabelsteine zu erkennen.

Wir werden ihn in etwa 850 m Höhe erreichen und folgen ihm dann sehr steil empor, um die letzten 125 m Höhe noch zu überwinden. Nach 2 Std. etwa stehen wir auf dem *Burgstall,* einem der beherrschenden Aussichtspunkte des Gebirges. Wir sollten hier bei einer Gipfelrast die Täler, Orte und Berge mit Hilfe der Karte und der metallenen Windrose unter dem Kreuz genau bestimmen. Die Jahreszahl 1190 in der Mauer des Sendergebäudes erinnert daran, daß hier damals die Burg von Albrecht III. von Bogen (daher der Name des Berges!) stand. Die Grundmauern lassen sich durch einfache Grabungen noch feststellen.

Jetzt steigen wir, der weiß-roten Markierung „HB 2" folgend, erst steil, dann auf lauschigem Querweg ab zum Further Weg und erreichen nach etwa einer ¾ Stunde die *Diensthütte* (180 Min.).

Um nach Rimbach zurückzukommen, steigen wir von der Diensthütte erst zur Hohenbogenstraße ab und gehen nur 50 m in Richtung Teufelsbauer. Dort führt in Fallinie des Berges ein manchmal kaum noch erkennbarer unmarkierter Steig steil durch einen Buchenwald

abwärts. Wir kreuzen bald den Mittelweg (190 Min.). Links in einer tiefen Mulde wird der Sandbrunnen sichtbar, dann überschreiten wir eine Straße und kurz darauf eine weitere mit einer Sitzgruppe (205 Min.).
Jetzt können wir der Markierung „weiße 3 im roten Grund" nach rechts folgen und gelangen in einer halben Stunde über Kollerbach direkt nach Rimbach (235 Min.). Oder wir nehmen links des Sandbachs den erst guten, später aber sehr morastigen 20 minütigen Weg zum *Aignhof.* Er läuft erst romantisch den Bach entlang, kommt zweimal direkt mit ihm in Berührung, quert ihn schließlich und endet in einem Erlenbestand vor der mächtigen Scheune des Aignhofes, dessen Wohngebäude zur Ruine geworden ist. Von hier sind es noch 15 Min. auf der Straße oder über die Wiesengründe bis zu unserem Ausgangspunkt *Rimbach* (240 Min.).

Der Kaitersberg – ein Felsgrat

Der Kaitersberg ist zwar keiner der höchsten, aber sicher einer der schönsten und interessantesten Berge des Bayerischen Waldes. Aus dem Kötztinger Kessel steigt sein Kreuzfelsen bis zu 999 m empor. Ein über 1000 m hoher Felsgrat zieht zwischen dem Tal des Weißen Regen und dem grünen Zellertal 5 km weit ostwärts, bis der tiefe Ecker Sattel ihn deutlich von den waldigen Kuppen des Arberkammes scheidet.
Seine bizarren Felsen mit den schwindelerregenden Abstürzen und die fast überall freie Sicht in die Täler finden im ganzen Waldgebirge nicht ihresgleichen.
Am Kaitersberg versuchen sich die Kletterer, er schenkt das Prickeln, das der Bergsteiger liebt, bei ihm finden wir das Unvergeßliche und das Beschauliche zugleich. Er ist für den Wanderer aufregend schön – ein Berg von besonderem Format!

Die gebräuchlichsten Aufstiege

Von Kötzting

Über Reitenstein – Reitenberg – Heiglhöhe – zum Kreuzfelsen (Markierung: grünes Dreieck im weißen Grund)

Von Grafenwiesen

1. Über Totenbachl – Reitenberg – Heiglhöhle – zum Kreuzfelsen (bis Reitenberg nicht markiert – dann grünes Dreieck)
2. Über Schönbuchen – Reitenberg – Heiglhöhle – zum Kreuzfelsen (auch von Watzlsteg) (Markierung: Grünes Dreieck im weißen Grund)

Von Hohenwarth

1. Über Reitenberg – Heiglhöhle – zum Kreuzfelsen (Route 10) (Markierung: weiß-grün, H 6 bis Reitenberg, dann grünes Dreieck)
2. Über Rosenau – Hudlach – zur Kötztinger Hütte (Markierung: weiß-grün, H 1)

Von Eschlsaign

zu den Rauchröhren oder zum Riedelstein (nur teilweise markiert – siehe Route 12!)

Vom Eck (Arrach, Arnbruck, Thalersdorf, Lam)

zum Riedelstein (Markierung: Grünes Dreieck im weißen Grund, siehe Route 11)

Von Steinbühl

zur Kötztinger Hütte, oder zu den Rauchröhren, oder zum Riedelstein (Markierung: rotes Dreieck im weißen Grund, grüner Punkt im weißen Grund, weißgrüne Bandmarkierung, siehe Route 9)

Diese Auf- und Abstiege werden fast immer mit Teilen der Gratwanderung – Route 7 – kombiniert.
Dabei sollte beachtet werden, daß ein stiller, gut begehbarer Längsweg durch den waldigen Nordhang des Berges von Reitenberg über Hudlach – Eschlsaign – zum Eck die Rückkehr zu jedem Ausgangspunkt erlaubt, ohne daß der mühsame Kammweg ein zweites Mal begangen werden muß (Route 11).

7 Kaitersberg-Gratwanderung

Schönbuchen – Reitenberg – Heiglhöhle – Kreuzfelsen – Mittagsstein – Kötztinger Hütte – Steinbühler Gesenke – Rauchröhren – Riedelstein – Ecker Sattel. (s. Skizze S. 61)

Gehzeit: 3 Std. 30 Min. **Streckenverlauf:** leicht. **Höhenunterschied:** 1000 m, felsig, leichte Kletterei. **Erforderlich:** normale Kondition, leichte Bergausrüstung. **Einkehrmöglichkeit:** Reitenberg, Kötztinger Hütte, Eck.
Markierung: grünes Dreieck im weißen Grund.

Schönbuchen, ein kleines Bergdörfchen mit der Wallfahrtskapelle zur „hl. Mutter Anna“, an der Straße von Kötzting nach Lam gelegen, soll unser Ausgangspunkt sein.
Gleich oberhalb der Lichtung führt die Markierung „grünes Dreieck im weißen Grund“ – sie bleibt uns bis zum Ecker Sattel treu – in den düsteren Wald mit ausgewaschenen Ziehwegen und dichtstehenden, rotbraunen Stämmen. Nach einer ¾ Stunde treten wir auf die weiten Bergwiesen von *Reitenberg* hinaus.
Der ungehinderte Ausblick gegen Kötzting und ins Zellertal läßt uns an den bekannten Kötztinger Pfingstritt denken, der seit dem Jahr 1412 alljährlich am Pfingstmontag stattfindet und Tausende von Zuschauern anlockt.
Die Bergbauernhöfe von Reitenberg sind in Generationen gewachsen. Die Steinmauern zwischen den Wiesen zeugen vom Fleiß der Bewohner. – Vom bäuerlichen Gasthaus führt die Markierung in den waldigen Südhang des Berges hinein. Himmelhohe, zerborstene Felsen schauen schon bald auf uns herab. Der erste ist der Pfarrerstuhl. Über zahllose Stufen steigen wir. Unter abweisenden Wänden, wo das Felsengewirr auch den Weg erfaßt, entdecken wir nur wenige Schritte links des

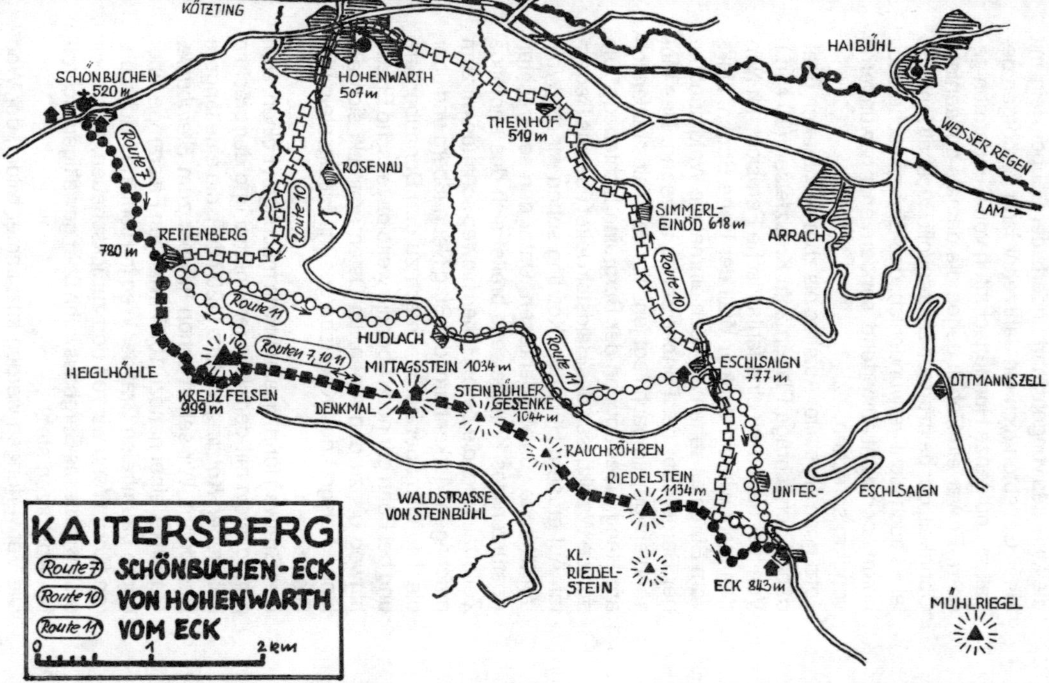
KAITERSBERG
Route 7 SCHÖNBUCHEN-ECK
Route 10 VON HOHENWARTH
Route 11 VOM ECK
0
1
2 km
KÖTZTING
SCHÖNBUCHEN 520 m
HOHENWARTH 507 m
ROSENAU
THENHOF 519 m
HAIBÜHL
WEISSER REGEN
LAM
ARRACH
SIMMERL-EINÖD 618 m
REITENBERG 780 m
HEIGLHÖHLE
KREUZFELSEN 999 m
Route 7
Route 10
Route 11
Routen 7, 10, 11
HUDLACH
MITTAGSSTEIN 1034 m
DENKMAL
STEINBÜHLER GESENKE 1044 m
RAUCHRÖHREN
RIEDELSTEIN 1134 m
KL. RIEDEL-STEIN
WALDSTRASSE VON STEINBÜHL
ESCHLSAIGN 777 m
OTTMANNSZELL
UNTER-ESCHLSAIGN
ECK 843 m
MÜHLRIEGEL

Weges die bekannte *Heiglhöhle* (75 Min.). – Hier hat um die Mitte des vorigen Jahrhunderts der Räuber Heigl mit einer Geliebten sich ein Jahrzehnt lang verborgen gehalten und ganze Hundertschaften von Gendarmen genarrt. Er war ein Rebell gegen die damals gnadenlose Obrigkeit, der beim armen Bauernvolk Rückhalt fand. So ist es auch nicht verwunderlich, daß Einheimische auch heute noch nicht abwertend, sondern eher bewundernd von ihm sprechen.
Jetzt noch ein steiler Aufstieg bis zum zerklüfteten Grat, dann über schräge Platten zum Kreuzfelsen (90 Min.)! Von hier haben wir eine fantastische Fernsicht. Im Norden steht wie ein dunkler Wall der Hohe Bogen. Links vom Burgstall sehen wir noch einmal die Waldmünchener Berge über der Further Senke aufragen. Das tausendjährige Rimbach liegt jenseits des Tales malerisch am Hang, überragt von der Burgruine Lichtenegg. Die dunkle Waldkulisse des Haidstein leitet über ins Regental. Auf grünem Hügel bei Kötzting sehen wir die Wallfahrtskirche von Weißenregen. Unter den senkrechten Abstürzen des Kreuzfelsens breitet sich das anmutige Zellertal. Über die Zeller Höhen hinweg schauen wir zum mächtigen Vierkantturm der Burg Neunußberg und über die Teufelsmauer bei Viechtach zu den Donaubergen, und bei Föhn gar noch über die weite bayerische Ebene hinweg bis zu den Alpen. Im Osten erstreckt sich der lange Felsgrat des Kaitersberges mit Mittagsstein und Riedelstein.
Der Gratweg führt, gesäumt von mächtigen Felsen, zum *Mittagsstein* mit dem Kriegerdenkmal und der prächtig gelegenen *Kötztinger Hütte* (120 Min.), die eine längere Rast lohnt. Wir sehen schon hinüber zum *Steinbühler Gesenke,* einer nahezu 1000 m langen Felsrampe, über deren baumfreien Grat der Weg in Richtung Rauchröhren führt. Wenn wir von dort zurückschauen, sehen wir erst, wie dieses Berghaus kühn über gewaltigen, schroffen Abstürzen steht.
Die Verwerfungen werden jetzt immer wilder, der Weg mühsam, bis schließlich die *Rauchröhren* – wohl die

bekanntesten Felsen des Kaiterberges – ein Ende markieren (160 Min.). Zwei riesige Felsblöcke, zwischen denen der Hauptwanderweg hindurchführt und an denen heute noch die Kletterer ihren Mut und ihr Können messen, sollten uns ein wenig nachdenken lassen, welche Zeiträume und welche Kräfte gewirkt haben, um dem Berg dieses Aussehen zu geben. – Wir kommen bald zu einer sehr kalten Quelle, dann steigen wir hinauf zur Felsenklippe des *Riedelstein* mit dem Denkmal für den Heimatdichter Maximilian Schmidt, genannt Waldschmidt (185 Min.). Als Zöllnerssohn von Eschlkam hatte er vor 100 Jahren mit seinen Schriften sogar in den vornehmsten Kreisen Begeisterung für den Bayerischen Wald geweckt. Noch zu Lebzeiten – im Jahr 1909 – wurde ihm in Dankbarkeit und Verehrung dieses Denkmal errichtet. 10 Jahre später starb er als königlicher Hofrat in München.
Nachdem wir die Aussicht vom Riedelstein genossen haben, steigen wir ab zum *Ecker Sattel.* Über die Abfahrtsschneise erreichen wir ihn am schnellsten (210 Min.). Mit 843 m Meereshöhe ist er der tiefste Punkt in der sogenannten Hochtour des Bayerischen Waldes, die vom Kreuzfelsen bis zum Arber führt und sonst immer über Höhen von mehr als 1000 m verläuft.

Wer gerne den Blick über Täler wandern läßt, wer die Einsamkeit liebt und auch einmal ohne Weg durch den Wald gehen mag, der sollte vom Eck aus die folgende, gemächliche Dreigipfelwanderung machen:

8 Dreigipfelwanderung vom Eck

Eck – Kleiner Riedelstein – Großer Riedelstein – Eck – Mühlriegel – Eck. (s. Skizze S. 65)

Gehzeit: 3 Std. 40 Min. **Streckenverlauf:** leicht. **Höhenunterschied:** 1170 m. **Erforderlich:** normale Kondition, Karte, Kompaß, leichte Bergausrüstung. **Einkehrmöglichkeit:** Berggasthof Eck.
Markierung: nur zwischen Gr. Riedelstein und Mühlriegel grünes Dreieck im weißen Grund.

Vom Berggasthof *Eck*, der mit dem Auto über Arrach oder Arnbruck auf guter Straße zu erreichen ist, und in dem wir auch zu Mittag essen können, folgen wir erst dem grünen Dreieck im weißen Grund in Richtung Riedelstein, steigen die linke, schmale Skipiste aufwärts, bis die Markierung scharf rechts in den Wald führt. Doch wir bleiben auf der Piste und finden schon 100 m weiter, am linken Waldrand, einen guten Weg. Er führt uns kaum 200 m in den Wald, wendet sich nach kurzem, steilem Aufstieg nach links und dreht schon nach weiteren 70 m wieder in die ursprüngliche Richtung. Jetzt folgen wir dem Weg jedoch nicht mehr, sondern dringen direkt in den grünen Mischwald ein. Nur noch wenige Meter, dann ragen die grauen, teils moosigen Wände einer bizarren Felsenkette vor uns auf. In klotzigen Trümmern übereinandergeschichtet, dann wieder mit senkrechten, glatten oder überhängenden Wänden kann dieser Nebengrat, der in den Karten mit *Kl. Riedelstein* bezeichnet ist, wohl mit den schönsten Felspartien des Kaitersberges konkurrieren. Das Schattendasein zu Füßen des Großen Riedelstein hat etwas Gutes: Während nämlich über den Hochkamm der große Besucherstrom flutet, herrscht hier eine paradiesische Ruhe. – Fünf markante Felsgipfel überragen den Wald. Wir er-

Rauchröhren auf dem Kaitersberg
(Routen 7, 9, 10, 11, 12 und „Hohe Route")

Grenzkamm Osser-Zwercheck
(Routen 22, 25 und „Hohe Route“)

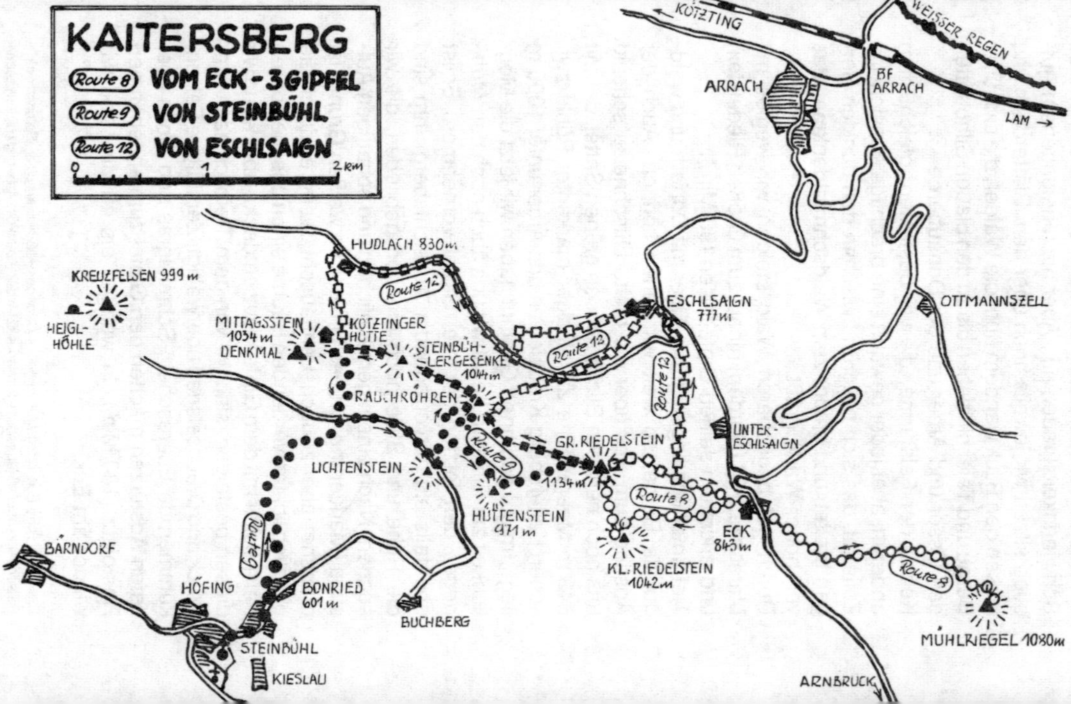
KAITERSBERG
Route 8 VOM ECK - 3 GIPFEL
Route 9 VON STEINBÜHL
Route 12 VON ESCHLSAIGN
0
1
2 km
KÖTZTING
WEISSER REGEN
ARRACH
BF ARRACH
LAM
OTTMANNSZELL
HUDLACH 830 m
KREUZFELSEN 999 m
HEIGL-HÖHLE
MITTAGSSTEIN 1034 m
DENKMAL
KÖTZTINGER HÜTTE
STEINBÜHLERGESENKE 1044 m
RAUCHRÖHREN
ESCHLSAIGN 777 m
UNTER-ESCHLSAIGN
GR. RIEDELSTEIN 1134 m
LICHTENSTEIN
HÜTTENSTEIN 971 m
KL. RIEDELSTEIN 1042 m
ECK 843 m
MÜHLRIEGEL 1080 m
ARNBRUCK
BÄRNDORF
HÖFING
BONRIED 601 m
BUCHBERG
STEINBÜHL
KIESLAU
Route 8
Route 9
Route 12

klettern sie nacheinander (60 Min.). Sie warten mit allen Schwierigkeitsgraden auf. Aber nach gelungenem Aufstieg sitzen wir jeweils hoch über dem Blätterdach und lassen den Blick wandern über die Wälder, die sich über Berge und Täler hinziehen bis zu den blauen Silhouetten des Osser und Arber und der Donauberge.
Keiner der Felstürme, die wir besteigen, gleicht dem anderen, aber jeder gewährt eine prächtige Aussicht ins Zellertal, das sich hellgrün zwischen den dunklen Bergen breitet, und empor zum Waldschmidtdenkmal, das von hoher Warte grüßt.
Durch gut begehbaren Wald steigen wir weglos mit Marschzahl 64 (Norden) hinauf zum Großen Riedelstein und erklettern seinen Gipfelfelsen (90 Min.).
Tief unter uns liegen grüne Täler mit Dörfern und walddunkle Berge, so weit wir sehen können. Auch der Abstieg zum *Eck* über die breite Liftschneise schenkt uns noch herrliche Blicke auf den grünen Sattel, der mit 843 m Meereshöhe als einziger markanter Punkt zwischen Kaitersberg-Kreuzfelsen und Arber unter 1000 m liegt. Im gut geführten Gasthof haben wir jetzt die Möglichkeit zur Einkehr, bevor wir uns auch noch den *Mühlriegel,* den letzten der drei Gipfel vornehmen. Er ist ebenfalls ein hervorragender Aussichtsberg. Ihm sind die Ruhe und Stille noch erhalten geblieben, die wir suchen. Nach einem gemächlichen und schattigen Aufstieg (Markierung: grünes Dreieck im weißen Grund) ist mancher aber zunächst enttäuscht, wenn er durch die plötzlich lichter werdenden Bäume einen unscheinbaren Felshöcker mit dem Gipfelkreuz entdeckt. Aber wenn wir diesen besteigen, sind wir von dem Tiefblick nach Arnbruck und Drachselsried überwältigt. Zerklüftete Felsen, kümmernde Ebereschen, Schmielgras und Moos über tiefen Abstürzen machen den Gipfel zum angenehmen Rastplatz (180 Min.). In weniger als 40 Min. sind wir wieder am Eck.

Der Weg vom Eck über Mühlriegel – Ödriegel – Scheuereck – Schwarzeck – Reischflecksattel – Heugstatt – Enzian – Kl. Arber – zum Gr. Arber ist Hauptwanderweg und in der Hohen Route des Bayerischen Waldes kurz beschrieben.

9 Steinbühl – Kaitersberg – Steinbühl

Steinbühl – Lichtenstein – Riedelstein – Rauchröhren – Hoher Stein – Mittagsstein – Steinbühl. (s. Skizze S. 65)

Gehzeit: etwa 4 Std. **Streckenverlauf:** mittelschwer. **Höhenunterschied:** etwa 1400 m. **Erforderlich:** gute Kondition, Karte, Bergausrüstung. **Einkehrmöglichkeit:** Kötztinger Hütte. **Markierung:** siehe nachfolgende Beschreibung!

Die Anfahrt mit dem Auto oder Bus nach Steinbühl über Kötzting oder den Ecker Sattel und Arnbruck durch das grüne Zellertal ist besonders im Frühling sehr reizvoll. Bevor wir uns von Steinbühl aus auf unsere Wanderung begeben, sollten wir unbedingt die kleine Nikolauskirche besuchen, die alljährlich am Pfingstmontag das Ziel der Kötztinger Pfingstreiter ist. Das ursprünglich gotische Kirchlein wurde im Barock baulich verändert. Bemerkenswert sind u. a. das Deckengemälde und die hufeisenbeschlagene Eingangs- und Sakristeitür. Schauen wir über die Kirche hinweg gegen den Kaitersberg, so bannt die gewaltige Felswand des Steinbühler Gesenkes unseren Blick. Der mit „rotem Dreieck im weißen Grund" markierte Aufstieg zur Kötztinger Hütte geht über Höfing und die Waldhänge des Sollerbergs direkt auf das linke Ende der Felsabstürze zu. Ziehwege führen, immer steiler werdend, durch den harzduftenden Wald aufwärts, und immer wieder, immer mächtiger, erscheinen über uns die gelblich-grauen Felsen des Kaitersbergkamms. Vom Steilhang unterhalb des Bockshornsteins, wo uns eine fast freie Sicht zuteil wird, blicken wir über das waldige Sollerbachtal hinüber zur herrlich gelegen Einöde Buchberg. Wir sind überrascht von der Anmut des oberen Zellertals, das sich mit seinen weiß leuchtenden Siedlungen vor uns auftut. – Allmählich kommen wir den Gratfelsen so nahe, daß wir die grasüberwachsenen Geröllkare, die abweisenden Wände, die Höhlen unter ihnen und die Wanderer sehen, die über ihre Zinnen schreiten. Auch um uns im Wald treten überall die Felsen zutage, die dem Kaitersberg das bekannte, alpine Gepräge geben.

Nun zieht aber eine Holzabfuhrstraße, die von Steinbühl ausgeht, quer durch den Südhang des Kaitersberges. Unser Aufstiegsweg überschreitet sie (50 Min.). Wir setzen den Aufstieg zunächst nicht fort und gehen auf ihr – der Markierung „roter Punkt im weißen Grund" folgend – angesichts der gelben und grauen Felsabstürze ostwärts. In 25 Min. kommen wir, wo die Straße abzufallen beginnt, zu einem ragenden Aussichtsfelsen, zum *Lichtenstein* (75 Min.). Der Blick ins Zellertal um Steinbühl ist bezaubernd.

Hier führen zwei markierte Wege (im unteren Teil vereinigt!) zum Berg empor. Der eine – „grüner Punkt im weißen Grund" – schlängelt sich in Serpentinen romantisch durch die Bergwand hinauf zum Grat, 5 Min. westlich der Rauchröhren, der andere – „weiß-grüne Bandmarkierung" – bringt uns über den Hüttenstein (90 Min.) zum 1135 m hohen *Riedelstein*. Er vereinigt sich kurz vor dem Gipfel noch mit dem nördlichen Hauptwanderweg. Die Markierung ist oft dürftig. Wir können aber nicht fehlgehen, wenn wir immer links von uns den Berg behalten und hangaufwärts steigen.

Jetzt wandern wir über den Grat des Kaitersberges westwärts, folgen zunächst der Markierung „grünes Dreieck im weißen Grund" durch den Wald in 20 Min. hinunter zur Quelle und stehen wenig später vor den gewaltigen Felstürmen der *Rauchröhren*. Wir durchklettern entweder die Schlucht und besteigen dahinter die schräge Platte des *Hohen Steins* (1042 m), oder wir umgehen beides links auf einem romantischen Felsensteiglein. In beiden Fällen überschreiten wir anschließend das Steinbühler Gesenke, das uns zauberhafte Talblicke schenkt. Nach Ende der Felsen windet sich das Weglein in den waldigen Bergsattel hinein, der zum hoch aufragenden *Mittagsstein* überleitet. Von weitem

ist schon die Kötztinger Hütte zu sehen. Unweit von ihr steht auf dem höchsten Punkt mit Ausblick nach Süden das Kötztinger Kriegerdenkmal. Der Wanderweg mündet kurz vor der Hütte in eine unangenehm steile Bergstraße.
Von der Hütte aus kann auch noch der lohnende Kreuzfelsen bestiegen werden (ca. 1 Std. hin und zurück).
Der Abstieg von der Kötztinger Hütte folgt dem Hauptwanderweg in Richtung Riedelstein, bis er nach etwa 10 Min. rechts abzweigt. Es ist der mit „rotem Dreieck im weißen Grund“ markierte Weg, den wir ursprünglich von Steinbühl für den Aufstieg benutzten. Er bringt uns hinunter zur Straße und weiter nach Steinbühl (240 Min.).

10 Hohenwarth – Reitenberg – Kaitersberg – Hohenwarth

Hohenwarth – Reitenberg – Heiglhöhle – Kreuzfelsen – Mittagsstein – Rauchröhren – Riedelstein – Eschlsaign – Simmerleinöd – Thenhof – Hohenwarth. (s. Skizze S. 61)

Gehzeit: 5 Std. 5 Min. **Streckenverlauf:** mittelschwer. **Höhenunterschied:** 1500 m. **Erforderlich:** gute Kondition, Karte, (Kompaß), Bergausrüstung.
Einkehrmöglichkeit: Reitenberg, Kötztinger Hütte, Eschlsaign.
Markierung: Bis Reitenberg weiß-grün, H 6; dann grünes Dreieck im weißen Grund, ab Lift am Riedelstein: weiß-rot, A 10 bis Eschlsaign. Dann weiß-grün, H 5.

Das tausendjährige *Hohenwarth* – eine ehemalige Hofmark – kann man seiner Lage wegen als Perle im Tal des Weißen Regen bezeichnen.
Vom Verkehrsamt weg folgen wir der Markierung „H 6", die über die Haselmühle nach Reitenberg führt. Nach gut 10 Min. erreichen wir das Tal des Haselbachs, wo der Wald beginnt. Wir queren ein Nebenbächlein und steigen auf gutem Ziehweg – begleitet vom Rauschen des Wassers – immer steiler empor. Nach einer halben Stunde wird es vorübergehend etwas morastig, dann geht es steinig und steil weiter, bis rechts ein guter Waldpfad abzweigt. Er führt uns an einem Marienmarterl vorbei und, nur noch gering steigend, nach *Reitenberg* (55 Min.). Hier kommen die Aufstiege von Kötzting und Schönbuchen herauf. Letzterer ist der nördliche Hauptwanderweg mit dem grünen Dreieck im weißen Grund. Dieser Markierung folgen wir jetzt wie in Route 7 ausführlich beschrieben, bis zum Riedelstein. Sie führt uns vorbei an der Heiglhöhle, dem Kreuzfelsen, dem Mittagsstein und den Rauchröhren. Nach 3¼ Std. sind wir am *Riedelstein.*

Beim Abstieg nach Hohenwarth meiden wir den stark von Autotouristen belebten Ecker Sattel. Wir folgen dem grünen Dreieck noch bis zum oberen Ende der Liftschneise (205 Min.), steigen dann am linken Rand der Abfahrtsschneise mit weiß-roter Markierung „A 10“ bis zu einem auffälligen Steinriegel ab, von wo ein wildromantischer Ziehweg links durch den Nordhang nach *Eschlsaign* hinunterführt (235 Min.).
Von Eschlsaign folgen wir der weiß-grünen Markierung „H 5“, die nach 100 m von der Straße abzweigt und 20 Min. später den Arracher Bach quert (255 Min.). Auf gutem Fahrweg, einem Schwemmkanal entlang, gelangen wir zur malerisch gelegenen *Simmerleinöd* (265 Min.) mit herrlichem Blick zum Osser. – Ein schöner Fußweg führt weiter nach Thenhof (275 Min.), wo uns eine beherrschende Sicht zum Hohenbogen überrascht. Dann müssen wir uns mit der Landstraße begnügen – aber es ist eine „Panorama“-Straße, die uns fast immer das Regental und seine Berge von Lichtenegg bis zum Osser vor Augen hält. Nach gut 5 Std. kommen wir wieder nach Hohenwarth zurück.

11 Eck – Kaitersberg – Reitenberg – und zurück über Hudlach – Eschlsaign

Eck – Riedelstein – Rauchröhren – Mittagsstein (Kötztinger Hütte) – Kreuzfelsen – Reitenberg – Hudlach – Eschlsaign – Eck. (s. Skizze S. 61)

Gehzeit: 4 Std. 15 Min. **Streckenverlauf:** mittelschwer. **Höhenunterschied:** rund 900 m. **Erforderlich:** normale Kondition, Karte, Bergausrüstung.
Einkehrmöglichkeit: Kötztinger Hütte, Reitenberg, Eschlsaign.
Markierung: Von Eck bis Reitenberg grünes Dreieck im weißen Grund, von Reitenberg bis Eck: weiß-grün, H 6.

Die Überschreitung des Kaitersberges gehört zu den schönsten Bayerwaldwanderungen. Die kleine Kletterei über Rauchröhren und Steinbühler Gesenke setzt manchen schwer zu. Sie würden gerne auf gemächlicherem Weg zum Ausgangspunkt zurückkehren. – Dies ist möglich durch den stillen Nordhang über Hudlach, Eschlsaign.
Der Weg zum Riedelstein führt vom Eck direkt zur Skiabfahrt empor. Wir haben die Möglichkeit, steil aufzusteigen über die rechte, große Schneise, oder, wenn wir der Markierung „grünes Dreieck im weißen Grund" folgen, über die linke Schneise, an einem Wasserreservoir vorbei. Von der großen Schneise haben wir stets gute Ausblicke in den Lamer Winkel, der reguläre Wanderweg ist etwas bequemer – aber beide kommen am oberen Ende des Lifts nach etwa 20 Min. wieder zusammen. Von dort geht es über Wurzeln und Steinblöcke zum *Riedelstein* hinauf.
Hier legen viele Wanderer, vom Steigen erhitzt und müde, und angesichts des ragenden Felsens, eine Verschnaufpause ein und überlassen es „kühneren" Berg-

steigern, den Gipfel zu erklimmen. Sie sollten auf jeden Fall selbst hinaufsteigen, da der Riedelstein zu den schönsten Aussichtspunkten des Bayerischen Waldes zählt. – Vor allem das Zellertal bis Bodenmais und das Tal des Weißen Regens von Kötzting bis Lam, Viechtach, die Donauberge und die vielen Gipfel des Oberen Waldes übersehen wir von hier.
Der Weg zu den *Rauchröhren* (Route 7), vorbei an der kalten Quelle, hat keine Schwierigkeiten. Aber bei den Rauchröhren (55 Min.) beginnt die harmlose Kletterei, die manche abschreckt. Ihnen sei gesagt, daß das Hindernis nicht weniger romantisch auf harmlosem Felsensteig links umgangen werden kann. Die anschließende Strecke über das Steinbühler Gesenke ist felsig und ein fortwährendes Auf und Ab. Für die Mühen werden wir aber durch die freie Aussicht vom Kamm reich entschädigt. Nach gut 1½ Std. erreichen wir den *Mittagsstein* und die Kötztinger Hütte, wo der Wanderer noch gerne gesehen ist. Zu einer Einkehr kann man deshalb nur raten.
Zum *Kreuzfelsen* gehen wir weitere 30 Min. (125 Min.). Ihn sollten wir keineswegs aussparen, denn auch er bietet eine beherrschende Sicht. Für den Abstieg nach *Reitenberg* haben wir jetzt zwei Möglichkeiten: Entweder kurz vor dem Gipfel links steil über die Heiglhöhe (s. S. 62) – oder vom Kreuzfelsen, der Markierung „K 3" folgend, erst über Steinplatten, dann auf romantischem Pfad.
In Reitenberg (155 Min.) zweigt beim Gasthaus der Weg, mit „H 6" bezeichnet, nach *Hudlach* ab. Zunächst geht es durch dichten, dunklen Wald, nach 15 Min. kommen wir dann auf eine Holzabfuhrstraße. Wo sie den höchsten Punkt erreicht (180 Min.), führt rechts ein Weg steil empor, der bald lauschig durch den Hangwald zieht. 15 Min. später tauchen die aufgeschichteten Steinmauern um die Weidegründe des Bergbauernhofs Hudlach auf (195 Min.). Wer durstig ist, kann hier Getränke besorgen.
Von Hudlach nach *Eschlsaign* gehen wir jetzt 25 Min.

auf einer Forststraße. Nichts rührt sich im Bergwald, nur die Vögel schimpfen ab und zu auf uns herab, weil wir in ihren Frieden eindringen. Plötzlich führt uns die Markierung auf steinigem Ziehweg links abwärts nach Eschlsaign (235 Min.). Die einstigen Bergbauern leben heute hauptsächlich von Pensionsgästen. Eschlsaign ist „Gasthof in prächtiger Hanglage". Sowohl Hudlach als auch Eschlsaign sind heute mit dem Auto zu erreichen.
Auf breitem Fahrweg gelangen wir am „Schwabenloch" (Hintereschlsaign) vorbei hinüber zum Eck – unserem Ausgangspunkt.

12 Eschlsaign – Kaitersberg – Eschlsaign

Eschlsaign – Rauchröhren – Riedelstein – Eschlsaign, oder: Eschlsaign – Rauchröhren – Steinbühler Gesenke– Mittagsstein (Kötztinger Hütte) – Hudlach – Eschlsaign. (s. Skizze S. 65)

Gehzeit: 1 Std. 55 Min. bzw. 2 Std. 35 Min. **Streckenverlauf:** leicht. **Höhenunterschied:** rund 870 m. **Erforderlich:** normale Kondition, Karte, leichte Bergausrüstung.
Einkehrmöglichkeit: Kötztinger Hütte.
Markierung: wechselnd! Siehe Text!

Eschlsaign, im Nordhang des Kaitersberges, von Arrach mit dem Auto zu erreichen, ist ein Plätzchen, wo man fern der Unrast des Tales so richtig ausspannen kann. Ein großartiger Ausblick zum Hohenbogen, Spaziergänge durch die Wälder, ein Schwimmbad mit blaugrünem Bergwasser und preiswerte Gastronomie machen den Aufenthalt hier so angenehm.
Es soll uns als Ausgangspunkt für zwei kurze aber anregende Bergtouren dienen. Vom Schwimmbad, droben am Waldsaum, führt ein angenehmer Fahrweg, weiß-grün markiert, durch den dichten Wald bergwärts nach Südwesten. Das Sonnenlicht bleibt meist schon in den Kronen der Laubbäume hängen, und nur einige zitternde Kringel spielen auf Gras, Moos und Farn. Zwei Rinnsale queren den Weg, dunkle Felsblöcke liegen verstreut im Wald. Wo der Weg zum steileren Fußpfad wird, liegt einer, unter dessen natürliches Felsendach man gut ein Häuschen bauen könnte. Doch dies ist nur eine Ankündigung dessen, was uns in Gratnähe erwartet. Nach einer ¾ Stunde haben wir den Bergrücken erreicht. Hier türmen sich die *Rauchröhren* auf. Wir sehen beim Aufstieg von Norden her, daß sie auch einen gewaltigen Unterbau haben, mit vielen Höhlen und Kammern,

welche zu Entdeckungsfahrten gradezu herausfordern.
Nachdem wir die Kammhöhe erreicht haben (1042 m), bieten sich zwei Varianten an: Die Ersteigung des 1135 m hohen Riedelstein (75 Min.) als höchste Erhebung im Kaitersberg (grünes Dreieck im weißen Grund) (Route 7) und die Rückkehr nach Eschlsaign (weiß-rot, A 10) nach Route 10 (115 Min.) oder die Überkletterung des Felsgrats (Steinbühler Gesenke) (grünes Dreieck im weißen Grund) nach Route 7 und 11 bis zur Kötztinger Hütte (95 Min.) und die Rückkehr nach Eschlsaign über Hudlach (weiß-grün H 1 und H 6) (155 Min.).

Der Waldkönig Arber

Nicht zu Unrecht wird der Arber als der König des Bayerischen Waldes bezeichnet. Er ist der mächtigste, der höchste und der interessanteste aller Waldberge. Seine grauen Felsgipfel bieten neben herrlichen Talblicken in den Lamer Winkel, ins Eisensteiner Tal, in den Zwieseler Kessel und ins Zellertal bei Bodenmais eine schier unbegrenzte Fernsicht.
In seinen weiten Wäldern finden wir heute noch völlige Einsamkeit. Seine Stierwiesen sind die einzigen Hochweiden im Bayerischen Wald, auf denen wir noch Herden antreffen. Sie sind mit die schönsten Landschaften des Gebirges. Die beiden Arber-Seen gelten als Paradiese für Geologen und Botaniker. Ihre abweisenden Seewände gehören zu den schönsten Naturschutzgebieten Europas. Auch die größten Wasserfälle des Grenzgebirges springen über seine felsigen Hänge.
Leider hat die seit dem Bau der Scheibenstraße vor 50 Jahren immer mehr gegen den Arber anbrandende „Zivilisation" sein Antlitz mancherorts entstellt. Doch ist der Berg weitläufig, so daß auch Wanderer, die die Stille suchen, immer noch zu ihrem Recht kommen, wenn sie die richtigen Wege gehen.

Die gebräuchlichsten Aufstiege

Vom Kl. Arbersee (Lam, Lohberg, Sommerau, Eben)

1. Über Sonnenfels – Nordhang – zum Schutzhaus (Markierung: weiß-rot, Lo 3 und Lo 3b)
2. Über Chamer Hütte (Jugendherberge) – Himmelsleiter – zum Gipfel (Markierung: grünes Dreieck im weißen Grund – siehe Route 14!)
3. Über Seeloch – Kl. Arberseewand – Sattel – Himmelsleiter – zum Gipfel (Nicht markiert, siehe Route 15!)

Vom Brennes (Lam, Eisenstein)

1. Über Sonnenfels – Nordhang – zum Schutzhaus (Markierung: weiß-rot, Lo 3b)
2. Mit Lift zum Schutzhaus

Vom Gr. Arbersee (Eisenstein, Seebachschleife, Regenhütte, Bodenmais)

1. Über Geigenbachfall – Brennesfichte – zum Schutzhaus (Markierung: grünes Dreieck im weißen Grund)
2. Durch die Gr. Arberseewand – Bodenmaiser Mulde – zum Gipfel (Markierung: grün, 9, dann grün, 2b)

Von Rabenstein (Zwiesel, Regenhütte)

Über den Kaisersteig – Mittagsplatzl – Bodenmaiser Mulde – zum Gipfel (Markierung: rot, 1)

Von Bodenmais

1. Über Rießloch – Bodenmaiser Mulde – zum Gipfel (Markierung: grün, 2, siehe Route 17!)
2. Über Bretterschachten – See oder Mittagsplatzl – zum Gipfel (Markierung: über See: grün, 9, und grünes Dreieck im weißen Grund. Über Mittagsplatzl: rot, 1)

Von der Chamer Hütte (Jugendherberge) (Eck, Lam)

Über Sattel – Himmelsleiter oder Bodenmaiser Mulde – zum Gipfel (Markierung: grünes Dreieck im weißen Grund)

Es gibt noch eine ganze Reihe von Aufstiegen zum Arber. Die schönsten sollen im folgenden näher beschrieben werden. Sie können nach Belieben kombiniert werden.
Eine Arberbesteigung gewinnt wesentlich, wenn der nachfolgend dargestellte Gipfelrundgang eingefügt wird.

13 Gipfelrundgang auf dem Arber

Schutzhaus (Vom Brennes in ¾ Std. zu Fuß oder mit Lift erreichbar.) Hauptgipfel – Ostgipfel – Westgipfel/Richard-Wagner-Kopf – Südgipfel – Schutzhaus. (s. Skizze S. 80)

Gehzeit: 1 Std. 20 Min. **Streckenverlauf:** leicht. **Höhenunterschied:** rund 300 m. **Erforderlich:** Karte, leichte Bergausrüstung. **Einkehrmöglichkeit:** Arberschutzhaus.
Nicht markiert.

Wenn wir aus dem Schutzhaus treten, sehen wir in der Tiefe die Häuschen des Grenzortes Bayerisch Eisenstein. Weiter hinten, am Fuß der böhmischen Berge Panzer, Spitzberg, Hahnenriegel, liegt im Tal des Großen Regen das 800 Jahre ältere Böhmisch Eisenstein, das schon im Jahr 1029 als wichtiger Handelsort urkundlich genannt wurde. Im späten Mittelalter beherrschten verschiedene Glashüttengeschlechter nacheinander die breite Niederung. Ignaz Freiherr von Hafenbrädl gründete schließlich 1788 den Grenzort Bayerisch Eisenstein aus der Urzelle Bayerisch Häusl.
Beim Aufstieg über den felsigen Osthang zum *Hauptgipfel* (15 Min.) sehen wir den aus dem Regental aufsteigenden und über das Zwercheck zum Osser verlaufenden Grenzkamm in seiner ganzen Länge. Er ist der erste Wall des Künischen Gebirges, das sich weiter nach Böhmen hineinzieht. Über den Arbergipfel in 1457 m Höhe verlief bis zum Jahr 1764 die Landesgrenze. Auch das nördliche Ufer des Gr. Arbersees war einst böhmisch. Im weiteren war der Seebach die Grenze. Sie verlief über das Schwellhäusl zum Zwieseler Waldhaus und folgte dann dem Steinbach aufwärts.
Vom Gipfelkreuz aus sehen wir den Steilabfall des Kl. Osser in das Tal des Weißen Regen bei Lam (Route 23 beschreibt den Aufstieg über diesen Felsgrat). Den

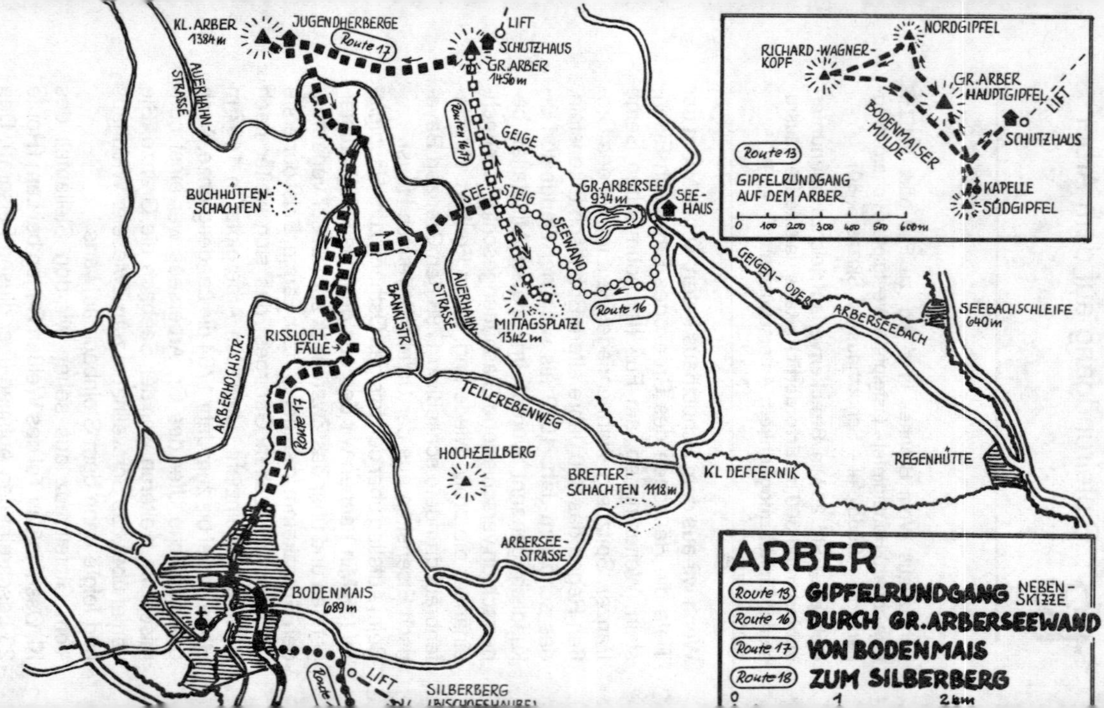

KL. ARBER 1384 m
JUGENDHERBERGE
Route 17
LIFT
SCHUTZHAUS
GR. ARBER 1456 m
AUERHAHN-STRASSE
Routen 16/17
GEIGE
BUCHHÜTTEN-SCHACHTEN
SEE-STEIG
GR. ARBERSEE 934 m
SEE-HAUS
SEEWAND
MITTAGSPLATZL 1342 m
Route 16
BANKLSTR.
AUERHAHN-STRASSE
RISSLOCH-FÄLLE
ARBERHOCHSTR.
TEILEREBENWEG
HOCHZELLBERG
BRETTER-SCHACHTEN 1118 m
ARBERSEE-STRASSE
BODENMAIS 689 m
LIFT
SILBERBERG
GEIGEN- ODER ARBERSEEBACH
SEEBACHSCHLEIFE 640 m
KL DEFFERNIK
REGENHÜTTE
RICHARD-WAGNER-KOPF
NORDGIPFEL
GR. ARBER HAUPTGIPFEL
BODENMAISER MULDE
SCHUTZHAUS
KAPELLE
SÜDGIPFEL
Route 13
GIPFELRUNDGANG AUF DEM ARBER
0 100 200 300 400 500 600 m
ARBER
Route 13 GIPFELRUNDGANG NEBEN-SKIZZE
Route 16 DURCH GR. ARBERSEEWAND
Route 17 VON BODENMAIS
Route 18 ZUM SILBERBERG
0 1 2 km

Steinbach bei Schneiderberg
(Route 19 und „Hohe Route“)

Junischnee am Kl. Arber
(Routen 17, 19 und „Hohe Route“)

Lamer Winkel, von den Mönchen von Rott am Inn ab 1279 von Kötzting her urbar gemacht, halten viele für die schönste Gegend des Bayerischen Waldes. Ein Kranz von über 1000 m hohen Bergen umgibt den grünen Talkessel. Nur das Tal des Weißen Regen hält die Verbindung mit Kötzting und Cham offen. Eisenstein ist nur über den Brennes (1050 m), Furth über das Tanneneck (720 m) zu erreichen.
Während wir zu den latschenumrankten, unscheinbaren Felsen des *Ostgipfels* hinüberschreiten (30 Min.), sehen wir immer besser hinunter in die von sieben Bächen durchrauschten Wälder um Lohberg und Sommerau. Auch der Kl. Arbersee mit seinen drei schwimmenden Inseln liegt unter uns, eingebettet in eine dunkle Waldmulde.
Über das weite Plateau gehen wir zurück und halten auf die wuchtigen Felsen des *Westgipfels* zu (45 Min.). Jetzt sehen wir, über die Chamer Hütte und den Kl. Arber hinweg, auf den gewaltigen, dunklen Gebirgszug, den der Arber nach Nordwesten bis zum Ecker Sattel vorschiebt.
Das Zellertal mit der „gefreiten Bergstatt" Bodenmais schließt nach Süden an. Dort wurden im Silberberg schon die verschiedensten Mineralien ergraben. Erst 1962 wurde das Bergwerk für immer geschlossen.
Der Westgipfel, auf dem wir stehen, hat gewaltige Felsenburgen. Wir bekommen erst den richtigen Eindruck, wenn wir sie erklettern und in die Tiefe schauen. – Noch interessanter ist die Ansicht dieser Felsen vom Südgipfel (oder Seegupf) aus, zu dem wir jetzt durch die obere Bodenmaiser Mulde hinüberqueren (65 Min.). Ein Weglein unterhalb der Zwieseler Bergwachthütte führt uns zum Sattel, wo wir die kleine, traditionsreiche Arberkapelle finden. Sie stand früher einmal auf dem Hauptgipfel. Schon seit über 170 Jahren wird alljährlich an St. Bartholomä die Arberkirchweih gefeiert, die heute Tausende anlockt. Sie war früher ein Fest der Hirten, Jäger, Holzhauer und anderer „Waldleute". – Über kompakten Fels erklettern wir den *Südgipfel,* von dem aus der Gr.

Arbersee zum Teil sichtbar ist. Hinter dem weiten Zwieseler Kessel steht der blasse Kegel des Rachel. Über zahllosen bewaldeten Kuppen und Tälern ziehen sich wie eine lange Mauer die Donauberge hin. Bei Föhn sehen wir sogar die weißen Gipfel der Alpen über die bayerische Ebene herüberleuchten. Besonders eindrucksvoll ist der Blick in die Bodenmaiser Mulde, die überragt wird vom „Richard-Wagner-Kopf". Von der Bodenmaiser Mulde zieht ein breiter Waldrücken nach Südosten. Wo er felsig zum See abbricht, liegt das Mittagsplatzl (1342 m), eines der schönsten Fleckerln im Bayerischen Wald. Über eine Schneise, die links der Mulde beginnt und geradewegs mit der „roten 1" markiert hinüberführt, können wir es in 40 Min. erreichen. Der Besuch lohnt sich.

Vom Südgipfel sind wir in 15 Min. wieder beim *Schutzhaus* (80 Min.).

14 Kl. Arbersee – Chamer Hütte – Gr. Arber

Kl. Arbersee – Chamer Hütte – Sattel – Himmelsleiter – Gr. Arber. (s. Skizze S. 86)

Gehzeit: 2 Std. **Streckenverlauf:** mittelschwer. **Höhenunterschied:** 540 m. **Erforderlich:** Karte, Bergausrüstung. **Einkehrmöglichkeit:** Seehäusl am Kl. Arbersee, Arberschutzhaus.
Markierung: grünes Dreieck im weißen Grund.

Eigentlich beginnt dieser schöne Aufstieg schon in Lam, Lohberg, Sommerau oder mindestens am letzten Parkplatz an der Reißbrücke. Wir können den asphaltierten Weg den Seebach entlang nehmen, oder etwas weiter, aber schöner, durch das romantische Sollerbachtal – vielleicht sogar unter Einbeziehung der Bergeinöde Schneiderberg – aufsteigen, oder auch über die Ebensäge und die Mooshütten. Alle diese Wege treffen sich wieder am Kl. Arbersee.
Dieser wurde von einem Gletscher der Eiszeit geschürft und stellt mit seinen schwimmenden Inseln eine Sehenswürdigkeit dar.
Gleich hinter dem Seehäusl – übrigens eine preiswerte Einkehr! – beginnt in dichtem Wald der Aufstieg, der heute mit dem grünen Dreieck im weißen Grund markiert – fantasielos über eine Forststraße in Serpentinen bis unter die *Chamer Hütte* (Jugendherberge) führt und dann zu ihr emporsteigt. Schöner, aber unmarkiert ist der Aufstieg über den ehemaligen Weg bis an den Rand des Kessels (15 Min.), in dem der See ruht. Nach diesem Steilanstieg wird der Weg flacher.
Wir schreiten eine weite Lichtung aufwärts, eine ehemalige Bergweide (Marschzahl 29), die schon teilweise wieder vom Wald zurückerobert wird. Immer wieder zieht der Arber mit seinen auffallend schwarzen Wäl-

dern die Blicke auf sich. Hinter uns ragt jenseits des Lamer Winkels der Osser mit seinem alpinen Grat gegen Himmelsblau und Wolken auf. Durch einen schwachstämmigen, vergrasten Baumbestand kommen wir zur Jugendherberge am Kl. Arber, zur ehemaligen Chamer Hütte (60 Min.).
Der Hauptwanderweg, der vom Eck kommt (als Hohe Route des Bayerischen Waldes beschrieben), führt uns jetzt über freie Hochflächen und durch schütteren Wald hinüber zum *Sattel,* wo in der Fallinie des Gipfels bei einem Wegweiser die gefürchtete *Himmelsleiter* beginnt (90 Min.). – Steil, fast alpin, führt dieser Pfad über Felsen und Wurzeln durch Fichten und Latschen hinauf zum Gipfel (120 Min.).
Nahezu 800 m Höhenunterschied von der Reißbrücke liegen hinter uns, wenn wir dem Gerank der Wetterfichten entsteigen. Das Arber-Schutzhaus liegt am Osthang des Berges. –
Die steile Himmelsleiter kann umgangen werden durch die Bodenmaiser Mulde. Neuerdings hat man sogar eine Straße in den Westhang des Berges gebaut.
Wer den Aufstieg vom Kl. Arbersee gewählt hat, kommt entweder aus einem Ort zwischen Sommerau und Brennes und will dorthin zurück (oder er wandert nach Süden weiter). Für die Rückkehr zum Ausgangsort gibt es viele Möglichkeiten, wie Abstieg zum Gr. Arbersee, oder Talfahrt mit Lift und mit Bus zurück in die Nähe des Ausgangsorts, oder Abstieg zum Brennes oder zum Kl. Arbersee auf verschiedenen Wegen – so daß es unzweckmäßig wäre, einen bestimmten Weg hier vorzuschreiben. Dem Wanderer sollen vielmehr alle Möglichkeiten offenbleiben.
Unser Vorschlag: Abstieg vom Schutzhaus mit Markierung „weiß-rot, Lo 3b“ in Richtung Brennes und unterhalb des Steilhangs mit „weiß-rot Lo 3“ links ab zum Kl. Arbersee.

15 Kl. Arbersee – Kl. Arberseewand – Gr. Arber

Kl. Arbersee – Seeloch – Seewand – Sattel – Himmelsleiter – Gr. Arber. (s. Skizze S. 86)

Gehzeit: 2 Std. 20 Min. **Streckenverlauf:** schwer. **Höhenunterschied:** 540 m. **Erforderlich:** gute Kondition, Bergerfahrung, Karte, Kompaß, Bergausrüstung. **Einkehrmöglichkeit:** Arberschutzhaus. – Nur für gute Berggeher!
Nicht markiert.

Aus dem Tal steigen wir, wie in Route 14 angedeutet, zum Kl. Arbersee auf. Vom Seehäusl nehmen wir den steinigen Uferweg, der zur Brücke im *Seeloch* führt. Dann folgen wir den Wassern des Seebachs bergwärts.
Rechts von uns steigen über Moorgründen bald schwarze, nässetriefende Felswände auf. Über noch manchmal erkennbare Trittspuren folgen wir immer dem östlichen Arm des Wildbachs. Zerborstene Felsen, brütende Moore, himmelhoch aufragende Urwaldriesen, verwesende Baumleiber und grüngelbe Wiesen- und Farnwildnis wechseln sich ab. Immer wieder suchen wir in den abschüssigen Hängen der Seewand nach Durchstiegsmöglichkeiten. Meter um Meter kämpfen wir uns weiter hinauf ins Ungewisse, kommen hier nicht weiter und versinken dort bis zu den Knöcheln im Morast.
Dann wird das Rauschen des Baches leiser, schließlich verliert es sich ganz. Zwischen abweisenden Felsen ziehen Schluchten aufwärts, in denen gefallene Bäume, Steinblöcke und abgerutschte Erdmassen durcheinanderliegen. Wenn wir uns über diese Trümmer aufwärts mühen, kann es sein, daß alles ins Gleiten kommt. Deshalb Vorsicht, und kein Risiko! – Es ist besser, wir suchen einen anderen Durchstieg.
Ein farnbedeckter, steiniger Steilhang bietet sich an. Er

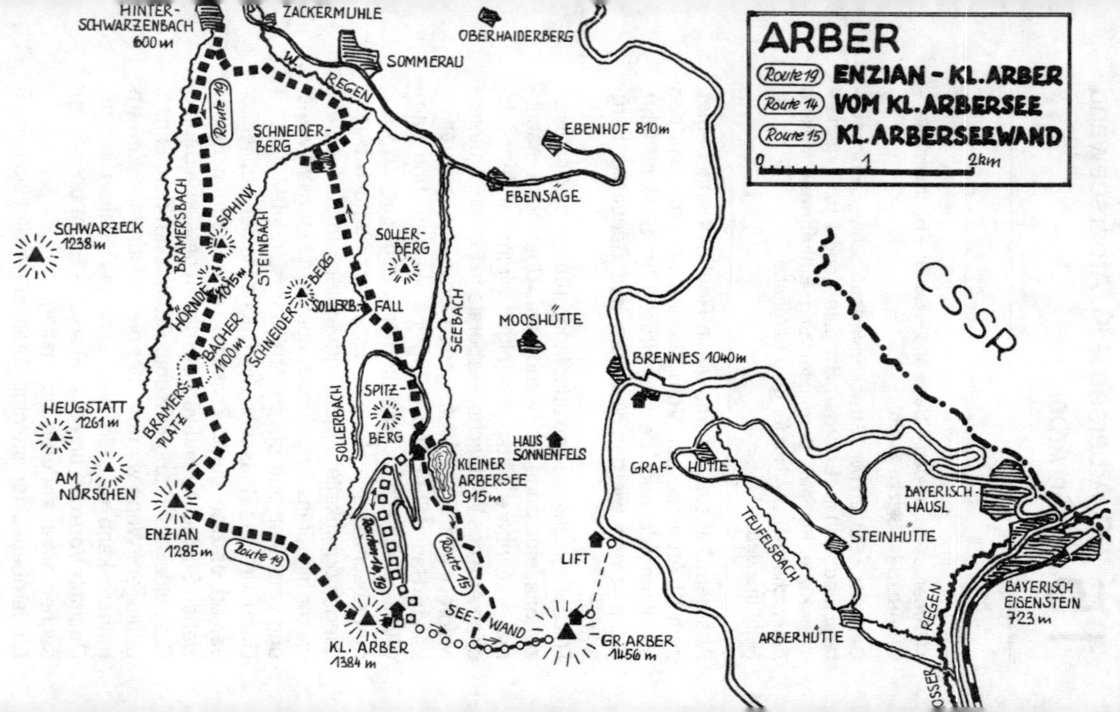
ARBER
Route 19 ENZIAN - KL. ARBER
Route 14 VOM KL. ARBERSEE
Route 15 KL. ARBERSEEWAND
0 1 2km
HINTER-SCHWARZENBACH 600 m
ZACKERMUHLE
OBERHAIDERBERG
SOMMERAU
W. REGEN
EBENHOF 810 m
EBENSÄGE
SCHNEIDER-BERG
BRAMERSBACH
SPHINX
STEINBACH
SCHWARZECK 1238 m
SOLLER-BERG
SCHNEIDER-BERG
SOLLERB.-FALL
HÖRNDL 1015 m
BACHER 1100 m
BRAMERS-PLATZ
SEEBACH
MOOSHÜTTE
BRENNES 1040 m
CSSR
SOLLERBACH
SPITZ-BERG
HEUGSTATT 1261 m
AM NÜRSCHEN
HAUS SONNENFELS
KLEINER ARBERSEE 915 m
GRAF-HÜTTE
BAYERISCH-HAUSL
ENZIAN 1285 m
Routen 14, 19
Route 15
LIFT
STEINHÜTTE
TEUFELSBACH
SEE-WAND
KL. ARBER 1384 m
GR. ARBER 1456 m
ARBERHÜTTE
REGEN
BAYERISCH EISENSTEIN 723 m

ist zwar sehr steil, aber er ermöglicht bei einiger Körperbeherrschung den Durchstieg.
Noch besser ist es, wir halten uns ganz weit links. Dann finden wir den Ausstieg zum Schmugglersteig (100 Min.), der vom Brennes um die Nordflanke des Gr. Arber zur Stierwiese am *Sattel* führt (110 Min.). Über die steile *Himmelsleiter* steigen wir endlich wie in Route 14 zum Gr. Arber auf (140 Min.).

Merke: Die Kl. Arberseewand stellt in ihrer unberührten – man möchte fast sagen unerforschten – Schönheit und Wildheit Neuland dar, in das sich nur erfahrene und gewandte Waldgeher wagen sollten. – Es macht zwar viel Spaß, in dieser wilden Umgebung den richtigen Weg zu suchen – so mancher Versuch endet aber an einer ungangbaren Felswand. Dann heißt es besonnen handeln, vielleicht sogar umkehren, denn die Absturzgefahr ist größer als der Unerfahrene denkt. Schnell lösen sich die letzten, feuchten Moosfetzen vom Felsen und dann gibt es keinen Halt mehr. –
Mit Geduld und Überlegung ist aber die Kl. Arberseewand von jedem besonnenen, körperlich leistungsfähigen und gewandten Bergsteiger zu bewältigen.
Die Tour kann gut mit Route 14 als Abstieg verbunden werden.

16 Gr. Arbersee – Gr. Arberseewand – Gr. Arber

Gr. Arbersee – Bodenmaiser Weg – Arberseewand – Mittagsplatzl – Bodenmaiser Mulde – Gr. Arber. (s. Skizze S. 80)

Gehzeit: 2 Std. 30 Min. **Streckenverlauf:** mittelschwer. **Höhenunterschied:** 640 m. **Erforderlich:** körperliche Gewandtheit, Karte, Bergausrüstung. **Einkehrmöglichkeit:** Arberschutzhaus.
Markierung: erst grüne 9, dann grüne 2b, zuletzt rote 1.

Auch diese Wanderung kann schon in Eisenstein, an der Seebachschleife, in Zwiesel oder Regenhütte, oder auch in Bodenmais beginnen. Besonders der Aufstieg von Eisenstein über die Arberhütte im idyllischen Tal des Teufelsbaches und der dem Seebach folgende Weg von der Seebachschleife, der wie durch einen grünen Dschungel heraufführt, sind wunderschön. Am *Gr. Arbersee* bündeln sich all diese Wege, aber nur zwei führen hinauf zum Arber. Der weitaus schönste ist der 1908 angelegte Niederleuthner-Steig durch die *Gr. Arberseewand.*
Mancher gibt vor, schon durch die Seewand aufgestiegen zu sein – und hat sie doch nie gesehen. Es sei hier klargestellt: Der Weg durch die Seewand beginnt an der Seebachbrücke mit dem Wanderweg nach Bodenmais (markiert mit der grünen 9).
Der rechts des Sees steil und steinig mit dem grünen Dreieck im weißen Grund markierte, über die Brennesfichte zum Arberschutzhaus führende Weg ist für uns uninteressant.
Der Gr. Arbersee, der größte und bekannteste der Bayerwaldseen auf deutscher Seite, hat durch eine rücksichtslose Erschließung viel von seiner Romantik eingebüßt. Die Zeit ist vorbei, da der aus Arnschwang stammende Dichterarzt Josef Wensauer die Ballade

vom „Fischer am Arbersee“ schreiben und von goldenen Fischen mit Augen aus Edelgestein berichten konnte. Heute treffen sich täglich Tausende von Menschen am Seehaus und das Dröhnen der Automotoren hat die einstige Stille und Romantik verdrängt.
Doch schon auf dem *Bodenmaiser Weg* finden wir wieder Ruhe. Vergessen ist aller Trubel, wenn wir nach 5 Min. scharf rechts abbiegen und durch unscheinbaren Buchen-Jungwald in das Naturschutzgebiet der Gr. Arberseewand eintreten (15 Min.).
Abschüssig, morastig und felsig-steil wird manchmal der Weg. Felsen mit langen Moosbärten, über die das Wasser trieft, dürre Urwaldriesen, wie Korkenzieher gewunden, rindenlos, vom Specht schon ausgehöhlt, greifen über uns ineinander. Bald schauen wir in die schwindelnde Tiefe, bald empor zum lichtdurchfluteten Blätterhimmel – und überall der betörende Geruch von feuchtem Humus, von Chlorophyll und Harz.
Nach 80 Min. entsteigen wir diesem Paradies der Wanderer. Eine Schneise zieht vom Arber her und leitet links über sumpfigen Grund gegen einen Bergaufschwung, den wir übersteigen. Oben führt eine breite Lichtung halblinks hinüber zum *Mittagsplatzl* (100 Min.). Es ist wohl der schönste Punkt des Bayerischen Waldes.
Tief unter uns der dunkle See, der Grenzort Bayerisch Eisenstein und das Wäldermeer, beherrscht vom Gr. Falkenstein. Die Schneise, auf der wir kamen, zielt direkt zum Arbergipfel. Auf ihr gehen wir zurück bis sie steil ansteigt. Durch die *Bodenmaiser Mulde* streben wir zuletzt hinauf zum Gipfelkreuz (150 Min.).

Auch hier wird man je nach Ausgangsort oder Ziel einen der vielen möglichen Abstiege wählen. Ich empfehle für die Rückkehr zum Gr. Arbersee den unmarkierten, felsigen Weg über die Liftschneise und als Fortsetzung von der Talstation den mit „rot 10b“ markierten Parallelweg zur Arberseestraße. Für den Abstieg nach Sommerau, Lohberg, bietet sich Route 14 an.

17 Bodenmais – Rießloch – Arber

Bodenmais – Rießloch – Mittagsplatzl – Bodenmaiser Mulde – Gr. Arber – Kl. Arber – Rießloch – Bodenmais. (s. Skizze S. 80)

Gehzeit: 5 Std. 30 Min. **Streckenverlauf:** mittelschwer. **Höhenunterschied:** rund 2000 m. **Erforderlich:** Gute Kondition, Bergausrüstung, Karte. **Einkehrmöglichkeit:** Arberschutzhaus.
Markierung: Siehe Text.

Bodenmais, die „gefreite Bergstatt" von einst, ist heute einer der bedeutendsten Fremdenverkehrsorte des Bayerischen Waldes. Während es aber im Ort wimmelt von Menschen, sind die Wege droben in den Bergen – gottseidank – noch recht einsam. Einer der schönsten ist der Aufstieg zum Arber über das Rießloch.
Vom Bahnhof aus gehen wir auf einer Asphaltstraße durch ein Neubauviertel nach Norden. Nach 10 Min. mündet sie bei einem Bildstöckl in einen Wanderweg, der den Rießbach entlangführt. Wir folgen der Markierung „weiße 2 im grünen Grund". Links über uns, hoch am Hang, sehen wir die Skisprungschanze. Unter uns rauscht der Bach. Nach 30 Min. erreichen wir auf romantischem Steig die Rießlochwasserfälle. Ein links abzweigender Fußpfad führt uns direkt zu ihren schäumenden, gischtenden Wassern (40 Min.). Vielfach von Felsen gebrochen, immer wieder gestaut und abgelenkt, zwängen sie sich durch ihr enges Bett. Zur Zeit der Schneeschmelze und nachmittags, wenn die Sonne im Südwesten steht, zeigen sich diese größten Wasserfälle des Gebirges in ihrer ganzen Schönheit. Wenn gar im Herbst die Buchen im prächtigen Naturschutzgebiet flammend rot leuchten, gibt es für den Farbfotografen zahllose Motive.
Wo der Weg oben den Bach wieder überschreitet (50 Min.), folgen wir am rechten Ufer der „2", queren

nach 65 Min. die Arberhochstraße und steigen links vom Arberbach weiter, bis das Tal plötzlich flacher wird und einige markante Felsen mit Fichten vor uns aufragen (80 Min.). Hier zweigt über eine Brücke der mit „2b" markierte Seesteig ab. Ihm folgend kreuzen wir die Auerhahnstraße und kommen nach 90 Min. zur Schneise (rote 1), die vom Arber zum Mittagsplatzl verläuft.
Wir befinden uns jetzt auf Route 16. Hier beginnt auch der Einstieg in die Gr. Arberseewand. Wir folgen der Schneise nach rechts, nehmen noch einen steilen Bergaufschwung und stehen nach 105 Min. auf dem *Mittagsplatzl* (1342 m). Der großartige Tiefblick zum See und nach Eisenstein rechtfertigt den kleinen Abstecher. Die „rote 1" führt in 40 Min. hinüber zum *Arbergipfel* (145 Min.). Der zuletzt sehr steile Aufstieg wird bei klarem Wetter belohnt durch eine großartige Schau in die Täler von Lam, Eisenstein, Bodenmais und Zwiesel, zu den Bergen von Hohenbogen bis zum Rachel und oft bis zu den Alpen.
Ein Gipfelrundgang nach Route 13 steigert die Eindrükke noch wesentlich. Er kann auf zusätzliche 1–3 Std. bemessen werden (205 Min.). Wo die Felsen des Westgipfels („Richard-Wagner-Kopf") enden, steigen wir dann auf dem Hauptwanderweg (grünes Dreieck) über die „Himmelsleiter" steil hinunter und gehen fast horizontal hinüber zur Jugendherberge am Kl. Arber (Chamer Hütte) (235 Min.).
Der Aufstieg zum *Kl. Arber* lohnt sich (245 Min.). Seine Gipfelregion ist wild, und auch er bietet eine gute Aussicht. – In 5 Min. sind wir wieder an der Jugendherberge (250 Min.), wo der schöne Abstieg mit der Markierung „2a im grünen Grund" beginnt.
Der Weg kreuzt schon nach 5 Min. die Auerhahnstraße. Dann ist um uns das Rauschen zahlloser Wasser, die alle der Schwelle, rechts im Hochtal, zuströmen und uns als Schwellbach wieder bis zum Rießloch begleiten. Wir erreichen es nach 290 Min. Auf der Straße, über die wir am Morgen aufstiegen, kehren wir zu unserem Ausgangspunkt zurück (330 Min.).

18 Bodenmais und sein Silberberg

Gehzeit: Auf- und Abstieg einschließlich Spaziergängen rund 3 Std. **Höhenunterschied:** 700 m. Keine Vorbedingungen. **Einkehrmöglichkeiten:** Silberberg, Barbarastollen. (s. Skizze S. 80)
Markierung: Die Wanderungen sind gut beschildert: rote 1; rote 7.

Bodenmais ist dank seiner zentralen Lage immer einen Besuch wert. Seine Anfänge reichen mit hoher Wahrscheinlichkeit ins 9. Jahrhundert zurück. 1364 wird es zum ersten Mal urkundlich erwähnt. Am 23. März 1522 erhielt es von den bayerischen Herzögen die Privilegien einer „freien Bergstatt". Dieses Prädikat hebt den Ort (mit Lam) aus allen übrigen Siedlungen des Waldgebirges heraus. Man ist heute noch stolz darauf, obwohl die Zeit des Bergbaus für immer vorbei ist.
Die Geschichte des Ortes hängt eng mit dem Bergwerk auf dem Silberberg – wegen seiner Gipfelform auch Bischofshaube genannt – zusammen. Doch kaum einer kann sagen, was dort eigentlich gegraben wurde. Der Silberberg ist ein geologisch interessanter Berg. Aus seinem von Stollen und Schächten durchwühlten Innern wurden mehr als 30 verschiedene Mineralien geholt. 22 km lang sollen die unterirdischen Gänge sein, die im Laufe der Jahrhunderte angelegt wurden. Der Barbarastollen, der größte und bekannteste unter ihnen, ist noch zu besichtigen.
Schon im 12. Jahrhundert begann man mit dem Abbau von Gold. Die Ausbeute: ein einziges Gramm je Tonne Mineral! Mit Silber war es nicht viel besser, aber der Name erinnert noch daran. Immer neue Metalle grub man aus dem Berg, zuletzt wurden Schwefel und Magnetkies abgebaut. Daraus stellte man mit Erz das Polierrot oder Pottee her, das man zum Schleifen feiner

Gläser (Linsen) brauchte. Dadurch erlebte das Bergwerk eine bis dahin nicht gekannte Blüte. Aber bald konnte der begehrte Stoff chemisch billiger gewonnen werden. Dies war dann das Ende. Seit 1962 ist der Silberberg mit seinen Stollen, Schächten und Halden, seinen roten Felsen und vegetationsfreien Flanken nur noch Ausflugsziel, das jeder Besucher des Bayerischen Waldes gesehen haben sollte.

Viele Wege führen über seine Hänge. Von seinem alpinen Gipfelfelsen, der Bischofshaube (Markierung „rote 1"), bietet sich eine umfassende Sicht über den Ort und das ganze Zellertal, zu den Felsgiebeln des Arber und über die Niederung von Zwiesel hinweg zum fernen Rachel.

Auch ein Besuch im *Barbarastollen* kann uns das Staunen lehren. 600 Jahre Bergbau werden uns hier zum Begriff.

Dies gesehen zu haben, hat noch keiner bereut, deshalb soll der Besuch des Silberberges von Bodenmais unter diesen Wandervorschlägen nicht fehlen. – Eine Wanderfahrt zum Ausruhen!

Leider ist dieses schöne Ausflugsziel in den letzten Jahren durch Seilbahn und Straße übermäßig erschlossen worden.

19 Hinterschwarzenbach – Enzian – Kl. Arber und zurück über Kl. Arbersee

Hinterschwarzenbach – Sphinx – Hörndl – Bramersbacher Platz – Enzian – Kl. Arber – Chamer Hütte – Kl. Arbersee – Spitzbergsattel – Sollerbachfall – Schneiderberg – Hinterschwarzenbach. (s. Skizze S. 86)

Gehzeit: 5 Std. 20 Min. **Streckenverlauf:** mittelschwer. **Höhenunterschied:** 1880 m. **Erforderlich:** gute Kondition, Karte, Kompaß, Bergausrüstung (bis in den Juni hinein Firnreste!).
Einkehrmöglichkeit: Kl. Arbersee.
Markierung: Lo 4b, grünes Dreieck im weißen Grund, Lo 3c, Lo 4b.

Diese einsame, aber sehr reizvolle Wanderung führt uns bis auf 1384 m Höhe und zeigt uns viel von der Schönheit des Lohberger Wandergebiets. Ausgangs- und Endpunkt ist *Hinterschwarzenbach,* das wir über Lohberghütte mit dem Auto erreichen. – Wir halten uns gut 500 m auf der ins Bramersbachtal hineinführenden Forststraße mit der Markierung „Lo 4b“. Nach 7 Min. nehmen wir einen links steil ansteigenden Ziehweg. Nach 15 Min. haben wir von einem kleinen, freien Platz aus zum ersten Mal einen schönen Blick zum schroff aufbuckelnden Schwarzeck. Der Weg wird besser, wendet sich nach 30 Min. nach links und wird dann wieder grob-steinig.
Über uns ist schon der felsige Grat zu sehen. Jetzt gilt es, genau auf die Markierung zu achten. Bald verlassen wir den Fahrweg und steigen links auf einem kaum erkennbaren Steiglein zum Kamm hinauf, den wir nach 50 Min. erreichen.
Nun geht es wieder scharf rechts, verworren zwischen den mächtigen Felsburgen der *Sphinx* hindurch, manchmal wild und ausgesetzt, aber romantisch zum 1015 m

hohen *Hörndl* (60 Min.). Der Blick von der höchsten Zinne zum Schwarzeck mit seinen Felswänden und Waldkaskaden ist eindrucksvoll.
Wir steigen wieder 40 m hinunter in den Sattel (70 Min.) und gleich erneut 100 m höher. Dabei kommen wir nach 85 Min. an einem Aussichtsfelsen vorbei, der einen schönen Blick auf Lohberg und Osser gewährt und erreichen, rechts der Markierung folgend, schon 100 m danach den idyllischen *Bramersbacher Platz* (90 Min.) mit seinem altersgrauen Hirtenhütterl – eine einstige Bergweide. Bevor wir sie wieder verlassen, haben wir noch einen schönen Rückblick auf die Osserspitzen, die über den Wald aufragen.
Wir folgen der Markierung „Lo 4b" noch etwa 500 m weiter bergauf durch den Wald, bis sie links abwärts in den Hang hineinführt (120 Min.). Jetzt bieten sich zwei Möglichkeiten: Entweder ohne Weg immer aufwärts steigen – südwärts – Marschzahl 27 – durch den gut begehbaren Wald bis zum Hauptwanderweg Eck – Enzian – Arber, oder einem der links aufwärts ziehenden Fahrwege bis zu seinem Ende folgen, und dann noch etwa 150 m durch abschüssige Hänge zum Gratweg (145 Min.) mit der Markierung „grünes Dreieck im weißen Grund" gehen!
Diesem Hauptwanderweg folgen wir über die Enzianwiesen (Rasthütterl – 155 Min.) zum Kl. Arber. Nach 170 Min., wo sich an einer kleinen Lichtung die Wege gabeln (Wegweiser!), nehmen wir nicht die Umgehung rechts, sondern den steilen Aufstieg zum *Kl. Arber* (185 Min.), der uns mit einer großartigen Aussicht belohnt. Gute Geher werden einen Abstecher zum Gr. Arber mit 2½ Std. zusätzlich nicht scheuen.
Der Abstieg vom Kl. Arber führt uns nach 190 Min. zur Jugendherberge (Chamer Hütte). Wir folgen von dort aus dem grünen Dreieck zum *Kl. Arbersee,* das weiter den Osser zum Ziel hat (Hohenbogen – Osser – Arber-Variante des nördl. Hauptwanderwegs!). Entweder gehen wir gleich steil bergab zum Beginn einer Forststraße, die uns dann in Serpentinen – wenig romantisch! –

bis in Seenähe bringt, oder wir queren mit Marschzahl 5 ohne Markierung (alter Weg ist noch zu sehen!) schräg in den Hang hinein, um dann auf dem oft freien Bergrükken zwischen Sollerbach und See zum Seehäusl abzusteigen. Beide Wege treffen sich 100 m vor dem See (230 Min.). Vom See aus folgen wir zunächst weiter dem grünen Dreieck, übersteigen den *Spitzbergsattel* (245 Min.) und kommen zum *Sollerbachfall,* wandern das anmutige Tal hinaus, den rauschenden Bach entlang und steigen schließlich mit der Markierung „Lo 3c" links nach *Schneiderberg* hinauf (280 Min.), das mit einer herrlichen Aussicht zum Osser aufwartet.
Auf der einsamen Straße ins Tal überschreiten wir den Steinbach. Wo wir über der Zackermühle den Wald verlassen, geht ein Steiglein links den Waldrand entlang. Es bringt uns in einen breiteren, ansteigenden Weg, der bei zwei Bauernhöfen in ein Sträßchen mit der vom Bramersbacher Platz zurückkommenden Markierung „Lo 4b" mündet. Sie führt uns nach 300 m (320 Min.) zum Ausgangspunkt.

Der Osser – „die Brüste der Muttergottes“

Die schönste und zugleich lieblichste Gipfelform von allen Bergen des Bayerischen Waldes zeigt uns der 1293 m hohe Grenzberg Osser. Den „Sturmspalter“ hat ihn Hans Watzlik genannt – und dann wieder „eine dräuende Gebärde der Erde gegen den Himmel“. – Vom „Matterhorn des Kl. Osser“ sprachen schon manche Waldwanderer, doch den schönsten Namen gab ihm der Volksmund: „Prsa matky poschi“ = „Brüste der Muttergottes“ nennen ihn die Tschechen, die auf der anderen Seite des Berges wohnen.
Seine beiden ebenmäßigen Felsgipfel sind von fern und nah eine Wucht und haben keine Parallele im Waldgebirge. Seine im Nordwesten bis zum Tanneneck und im Südosten über das Zwercheck bis nach Eisenstein ausgreifenden Felsgrate mit ihren schwarzen Hangwäldern sehen aus wie ein zum Schutz des Lamer Winkels an der Grenze errichteter Schutzwall. Über sie führen mit die schönsten Wanderungen des Grenzgebirges.
Der Aufstieg zum Gipfel des Gr. Osser ist leichte Kletterei zwischen den Grenzsteinen hindurch, und kein Schutzhaus im Bayerischen Wald ist so kühn auf einen Felsengipfel und an den Eisernen Vorhang gestellt wie das auf dem Osser.
Dem Osser verdankt der Lamer Winkel seine landschaftliche Schönheit.

Die gebräuchlichsten Aufstiege

Vom Tanneneck (Rittsteig)

Über Fahrenberg – Rotes Kreuz – Zwieseleck – Grenzweg – Jägerhübel – Gr. Osser (nicht markiert – siehe Route 20!)

Von Lambach:

Der Fernsprechleitung folgend über den Sattel zum Gr. Osser (Markierung: weiß-rot, L 3)

Von Lam:

1. Über Maria Hilf – Sattel – Kl. Osser – zum Gr. Osser (Markierung: grünes Dreieck im weißen Grund, siehe Route 21!)
2. Über Buchet oder Himmelreich – Sattel – Kl. Osser – Gr. Osser (Markierung: weiß-rot, L 1)

Von Silbersbach (Eggersberg)

1. Über Südgrat zum Kl. Osser (nicht markiert, siehe Route 23!)
2. Weg von Silbersbach zum Gr. Osser (Markierung: weiß-rot, Lo 1b, weiß-rot L 1)

Von Lohberg

1. Durch den Osserwald zum Gr. Osser (Markierung: weiß-rot, Lo 1, weiß-rot, L 1)
2. Hauptwanderweg zum Gr. Osser (Markierung: grünes Dreieck im weißen Grund)

Von Altlohberghütte

Über den Sesselplatz zum Gr. Osser (Markierung: weiß-rot, Lo 1a, grünes Dreieck im weißen Grund – siehe Route 24!)

Vom Zwercheck (Scheiben, Oberhaiderberg)

Gratwanderung über den Grenzkamm zum Gr. Osser (durch Grenze markiert – später grünes Dreieck im weißen Grund – siehe Route 22!)

Da die Ausgangspunkte Tanneneck, Lam, Lohberg, Altlohberghütte und Scheiben an der Buslinie Furth i. Wald – Bayerisch Eisenstein liegen, und sich auch von Lambach, Silbersbach und Eggersberg in weniger als 30 Min. eine Haltestelle erreichen läßt, können diese Wege beliebig kombiniert werden. – Es sollte auch bei der Planung berücksichtigt werden, daß Gr. und Kl. Osser etwa 20 Min. auseinander liegen und daß beide einen Aufstieg lohnen.

Alle im folgenden beschriebenen Aufstiege können auch als Abstieg empfohlen werden.

20 Tanneneck – Jägerhübel – Gr. Osser

Tanneneck (Paßhöhe zwischen Neukirchen b. Hl. Blut und Lam) – Fahrenberg – Rotes Kreuz – Grenzweg – Jägerhübel – Gr. Osser. (s. Skizze S. 101)

Gehzeit: 4 Std. **Streckenverlauf:** schwer. **Höhenunterschied:** 600 m. **Erforderlich:** gute Kondition, Bergerfahrung, Karte, Kompaß, (Höhenmesser), Bergausrüstung. **Einkehrmöglichkeit:** Tanneneck, Osserschutzhaus.
Nur für gute Berggeher – häufig weglos!
Nicht markiert.

Diese Tour ist wild und abgelegen vom Fremdenstrom. Sie ist unmarkiert, fast weglos und lang. Sie kann als Fortsetzung der Route 1 genommen werden. Karte und Kompaß sind für den Neuling unentbehrlich. Der Höhenmesser – wenn vorhanden – leistet wertvolle Kontrolle. Nur erfahrene Waldgeher sollten die Tour angehen. Sie erfordert Können und Kampf. Gute Ausrüstung ist Voraussetzung.
Vor allem sollten wir uns merken, daß ein meist deutlich ausgeprägter, überwiegend waldüberwachsener Felskamm vom *Tanneneck* in weitem Bogen um das Lambacher Tal herum bis zum Osser hinaufzieht. Wenn wir immer etwa 20–50 m links von diesem Grat bleiben, kommen wir am leichtesten durch das oft weglose Berggelände. Der Steilabfall rechts vom Grat ist ungangbar.
Vom Hinterhof der Gastwirtschaft Tanneneck steigen wir mit Marschzahl 50 bergwärts durch unbekannten Wald, immer bedacht, den rechts von uns verlaufenden Felskamm in Sichtweite zu behalten.
Wir bahnen uns den Weg durch dichtes Grün, treten bald auf weiche Moospolster, bald auf knackende, dürre Äste. Es scheint, als wäre seit Jahrzehnten hier niemand mehr gegangen. Doch Wegspuren gibt es immer wieder

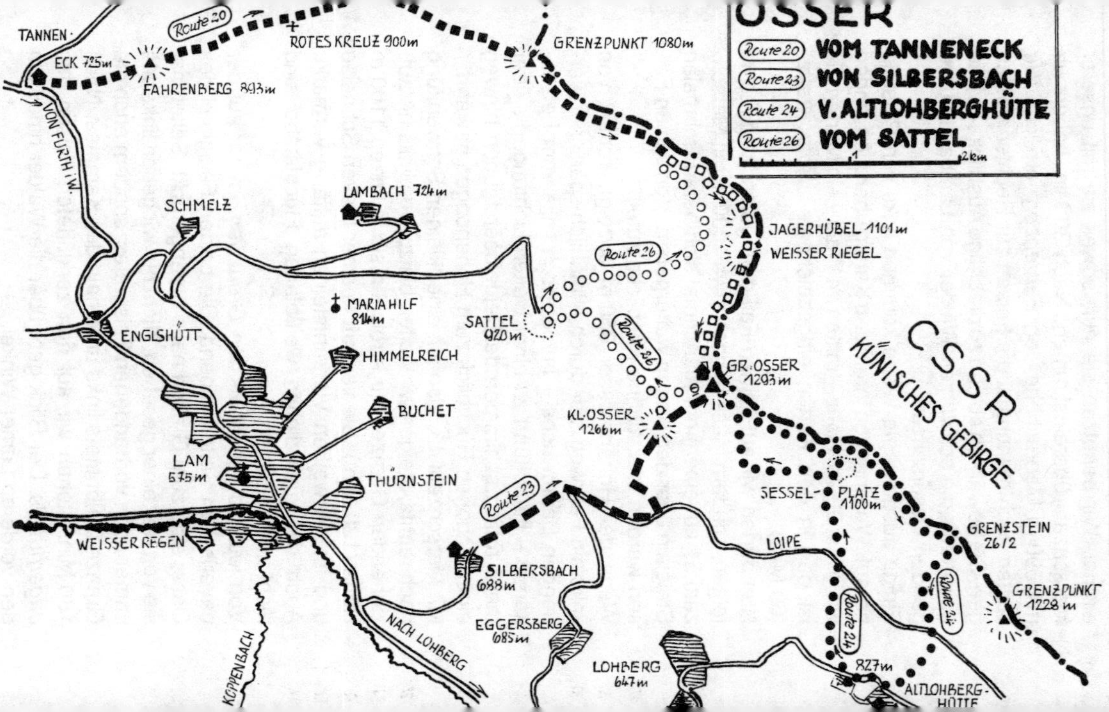
OSSER
Route 20 VOM TANNENECK
Route 23 VON SILBERSBACH
Route 24 V. ALTLOHBERGHÜTTE
Route 26 VOM SATTEL
1
2 km
TANNEN-
ECK 725 m
FAHRENBERG 893 m
ROTES KREUZ 900 m
GRENZPUNKT 1080 m
VON FURTH i.W.
SCHMELZ
LAMBACH 724 m
JAGERHÜBEL 1101 m
WEISSER RIEGEL
MARIA HILF
814 m
SATTEL
920 m
ENGLSHÜTT
HIMMELREICH
BUCHET
GR. OSSER
1293 m
KL. OSSER
1266 m
CSSR
KÜNISCHES GEBIRGE
LAM
575 m
THÜRNSTEIN
SESSEL-PLATZ
1100 m
WEISSER REGEN
LOIPE
GRENZSTEIN
26/2
SILBERSBACH
688 m
GRENZPUNKT
1228 m
NACH LOHBERG
EGGERSBERG
685 m
LOHBERG
647 m
827 m
ALTLOHBERG-
HÜTTE
KOPPENBACH

einmal. Wir benützen sie nur, soweit sie mit unserer Marschzahl übereinstimmen. Nach 30 Min. haben wir mit 890 m Meereshöhe den *Fahrenberg* erreicht. Wir sollten auch manchmal die Felsen zur Rechten besteigen. Sie gewähren ab und zu prächtige Ausblicke auf die hoch über die schwarzen Wälder von Lambach aufragenden Osserspitzen.

Einige ausgeprägte Wege kommen links von Rittsteig herauf. Wo einer von ihnen den Kamm überquert, finden wir in fast 900 m Höhe – mitten im Wald – ein Marterl. Es ist das in den Karten eingezeichnete *„Rote Kreuz"* (60 Min.).

Nun dürfen wir auf keinen Fall dem guten Weg rechts folgen, sondern müssen noch etwa 1000 m mit Marschzahl 51 auf einem nur manchmal sichtbaren, schmalen Steiglein über den Kamm weitergehen. Von seinen Felsen werden uns schöne Ausblicke zuteil.

Wenn der Höhenmesser 960 m anzeigt, kommt von links ein Fahrweg, der durch allmählich spärlicher werdenden Baumwuchs – immer noch links vom Felsenkamm – hinaufführt zu einer weiten Lichtung, die über meist rötlich schimmernde Heidelbeerstauden hinweg einen schönen Rückblick zum Hohenbogen gewährt.

Mit Marschzahl 43, also mit einer kleinen Schwenkung nach rechts, steigen wir weiter, bis zur von links heraufziehenden Grenze. Wir erreichen sie in knapp 1100 m Höhe (120 Min.). Sie verläuft in einer breiten Schneise und ist mit weißen Vierkantsteinen auffällig vermarkt. Auch die zusätzlichen weißblauen Fluchtstäbe sind nicht zu übersehen.

Von jetzt ab gehen wir den *Grenzweg,* immer auf der bayerischen Seite bleibend. Die beiden Felsgipfel des Osser sind zum Greifen nahe herangerückt. Selten hat sie von hier einer gesehen. Nicht nur wir gehen links des immer noch vorhandenen Felsgrates, sondern auch die Grenze bleibt stets links unterhalb des Kammes. Nach 180 Min. stehen wir auf den zerklüfteten Felsen des *Jägerhübels.* Der Blick geht über die Wälder hinaus in den vorderen Lamer Winkel.

Der endgültige Aufstieg zum *Gr. Osser* beginnt mit Marschzahl 29. Es ist immer noch der Grenzverlauf. Noch knapp 200 m Höhenunterschied trennen uns vom Gipfel. Mühsam – Meter um Meter – müssen wir uns den steilen, felsigen Hang emporarbeiten. Die letzten 20 Meter sind so steil, daß ein Ausgleiten den Absturz bedeuten würde. Über einen moosüberzogenen Felsgrat erreichen wir nach 240 Min. den Gipfel des Gr. Osser mit dem Schutzhaus.
Die beste Jahreszeit für diese Tour liegt zwischen Juni und Oktober, da in der übrigen Zeit Schnee das Vorwärtskommen stark erschweren kann.

21 Lam – Maria Hilf – Osser

Lam – Maria Hilf – Sattel – Osserwiese – Kl. Osser – Gr. Osser. (s. Skizze S. 105)

Gehzeit: 2 Std. **Streckenverlauf:** mittelschwer. **Höhenunterschied:** 800 m. **Erforderlich:** kleine Bergausrüstung, Karte. **Einkehrmöglichkeit:** Maria Hilf, Osser-Schutzhaus. **Markierung:** grünes Dreieck im weißen Grund.

Wer zum ersten Mal in den Lamer Winkel kommt, ist angenehm überrascht. Elf mehr als 1000 m hohe Berge stehen rund um den grünen, vom Weißen Regen durchflossenen Wiesenkessel, und ihre dunklen Wälder reichen bis weit ins Tal herein. Als 1279 die Mönche von Rott am Inn, von Kötzting her in dieses wilde Tal vordrangen und zu roden begannen, nannten sie in der Sprache der damaligen Zeit den Ort „lumb n'aw". Der Begriff ist erhalten geblieben bis heute, denn „Lam" bedeutet „lumb n'aw" = die hängende Au.
Die Besiedlung mag schwierig gewesen sein, denn 200 Jahre waren die Mönche schon bei Arrach gestanden und hatten sich nicht weiter vorgewagt. Und wie es dann so weit war, fanden sich trotz Unterstützung von höchster Stelle nicht genügend Siedler für den Winkel. Infolge der Beziehungen der Mönche zu Tirol kam sogar heute noch feststellbares, tirolisches Blut ins Land.
Die Ortsnamen geben Aufschluß über das, was hier einst vorging. In Lohberg lohten (brannten) die Wälder, um Lebensraum zu schaffen. In Englshütt, Hütten, Lohberghütte und an vielen anderen Orten waren Glasmacher und Aschenbrenner am Werk. Silbersbach kündet davon, daß auch bei Lam einmal nach Silber gegraben wurde. Wie Bodenmais war es 1522 schon einmal „gefreite Bergstatt". Um 1430 löschten hier – wie in der Further Senke – die Hussiten alles Leben aus. Doch der

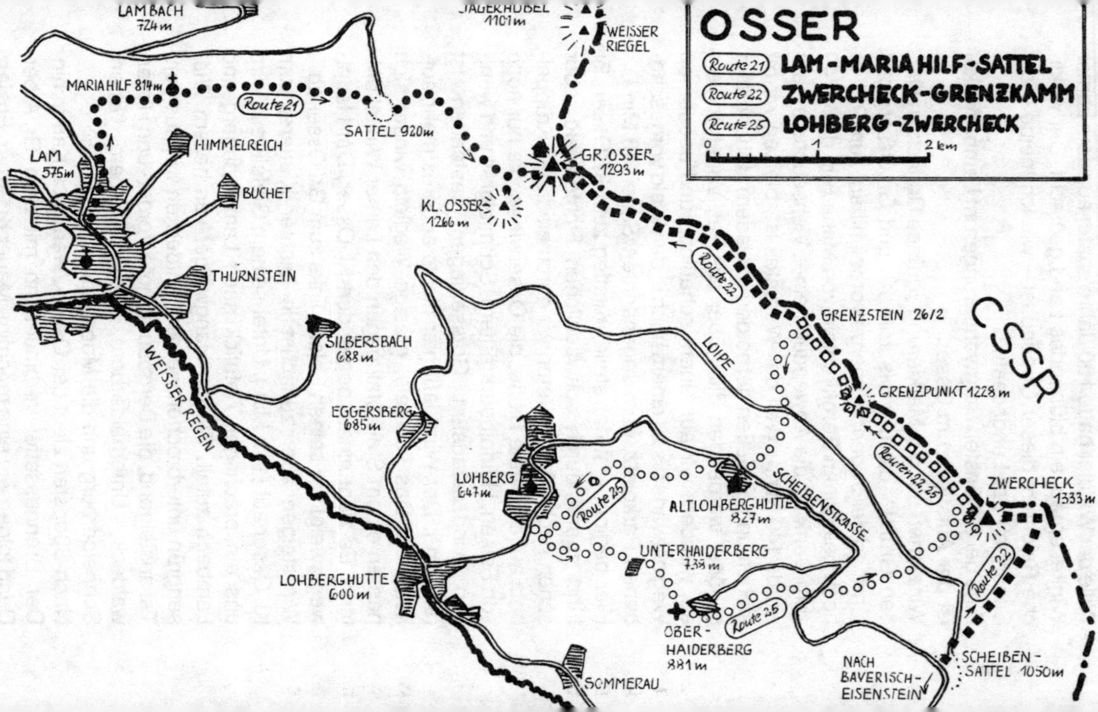
OSSER
Route 21 LAM-MARIA HILF-SATTEL
Route 22 ZWERCHECK-GRENZKAMM
Route 25 LOHBERG-ZWERCHECK
0
1
2 km
LAMBACH 724 m
MARIAHILF 814 m
Route 21
SATTEL 920 m
WEISSER RIEGEL
GR. OSSER 1293 m
KL. OSSER 1266 m
LAM 575 m
HIMMELREICH
BUCHET
THURNSTEIN
SILBERSBACH 688 m
WEISSER REGEN
EGGERSBERG 685 m
LOIPE
Route 22
GRENZSTEIN 26/2
CSSR
GRENZPUNKT 1228 m
Routen 22, 25
ZWERCHECK 1333 m
LOHBERG 647 m
Route 25
ALTLOHBERGHUTTE 827 m
SCHEIBENSTRASSE
UNTERHAIDERBERG 738 m
LOHBERGHUTTE 600 m
OBER-HAIDERBERG 881 m
Route 25
Route 22
NACH BAVERISCH-EISENSTEIN
SCHEIBEN-SATTEL 1050 m
SOMMERAU

Wille der Waldler hatte 100 Jahre später aus dem Lamer Winkel erneut ein blühendes Land gemacht. Der wirkliche Reichtum dieser Gegend ist – wie ich meine – die Schönheit der Landschaft.

Eine der schönsten Bergwanderungen im Lamer Winkel ist der Aufstieg zum Osser.

Wir ziehen mit der Markierung „grünes Dreieck im weißen Grund", die uns bis zum Kl. und Gr. Ossergipfel führt, an der *Jugendherberge* vorbei, hinauf zum 917 m hoch gelegenen Bergkirchlein von Maria Hilf, das 1749 zum Dank für die Abwendung einer Viehseuche erbaut wurde (40 Min.). Weil der Weg steil ist, bleiben wir oft stehen und genießen gerne den mit jedem Höhenmeter schöner werdenden Blick über das Tal. Vom Kirchlein ab, wandern wir auf einem schattigen und bequemen Weg ostwärts bis zu einem hoch in den Wald vorgeschobenen Parkplatz, dem sogenannten *Sattel* (70 Min.).

Hier beginnt erst der steile Aufstieg zum Kl. Osser. Er führt zuerst durch schwächlichen Fichtenwald, aber schon nach 20 Min. treten wir durch niedriges Krüppelholz auf eine freie Blöße, die Osserwiese, die nur noch von Felsen, Heidelbeerkräutern, Schmielgras und wenigen windzerzausten Grässerlingen bestanden ist (90 Min.). Der Wind läßt hier nichts anderes mehr aufkommen. Das schmale, grasige Weglein windet sich hart an einem Steilabfall gegen den Lamer Winkel entlang. Es zieht hinauf gegen den Kl. Osser. Der Hauptweg zweigt vor seinen Felsen links zum Gr. Osser ab.

Wir steigen aber zunächst in leichter Kletterei zum Kl. Osser auf (100 Min.). Unter seinem Gipfelkreuz wird uns ein prächtiger Tiefblick nach Lam, Lohberg und Lambach zuteil. Wo die Hangwälder von hellem Wiesengrün unterbrochen werden, entdecken wir, aus dem Tal ansteigend, die Bergbauernhöfe Vorder- und Hinterwaldeck, Unterhaiderberg, Oberhaiderberg, Eben, Schneiderberg und die Mooshütten.

Nach Südosten zieht der Osser-Zwercheck-Kamm hin. Der Brennessattel verbindet ihn mit dem Gr. Arber. Dann folgen wie eine mächtige Mauer Kl. Arber, Enzian,

Heugstatt, Reischflecksattel, Schwarzeck, Scheuereck, Ödriegel, Mühlriegel, Ecker Sattel und die drei Gipfel des Kaitersberges. Und einsam steht der Hohe Bogen gegen die Further Senke, hinter deren Dunst noch der Cerkov sein breites Haupt zeigt. Schütterer Baumbestand und reizvolle Felsen leiten hinüber in den Sattel vor dem Gr. Osser. Wir gehen auf schmalem Steiglein unmarkiert links der Felsen, treffen wieder auf markierte Wege, die von allen Seiten aus dem Tal heraufkommen und sind überrascht, wie mächtig sich plötzlich der Gr. Osser vor uns auftürmt. Der Aufstieg führt in Serpentinen zum Grat empor und geht dann in leichter Kletterei zwischen den Grenzsteinen hindurch zum Gipfel (1293 m) (120 Min.) Der Ausblick von hier ist nicht weniger eindrucksvoll. Jetzt schauen wir auch nach Böhmen hinein, hinunter in den Donnerwinkel und nach Hammern, hinüber ins Künische Gebirge, in die tschechischen Naturschutzgebiete von Sumava, und an klaren Tagen vielleicht über die Dunstschichten des böhmischen Kessels bis zum fernen Riesengebirge.
Wenige Meter unter uns lädt das Osserschutzhaus des Bayerischen Waldvereins zur Gipfelrast ein. Die Holzplanke davor ist der „Eiserne Vorhang". Er darf nicht überschritten werden. Es ist eine „heiße" Grenze, und der „Wald hat Augen".
Für den Abstieg nach Lam wird der vom Sattel nach Buchet führende, weiß-rot mit „L 1" markierte Weg empfohlen.

22 Scheiben – Zwercheck – Osser

Scheiben – Zwercheck – Grenzkamm – Gr. Osser. (s. Skizze S. 105)

Gehzeit: 3 Std. **Streckenverlauf:** mittelschwer. **Höhenunterschied:** 740 m. **Erforderlich:** gute Kondition, Körperbeherrschung, Erfahrung, Karte, Bergausrüstung. **Einkehrmöglichkeit:** Osserschutzhaus.
Markierung: bis zum Zwerckeck 5 im weiß-roten Kreis, dann Grenzverlauf und zuletzt grünes Dreieck im weißen Grund.

Der Aufstieg zum 1333 m hohen Zwercheck kann vom Rastplatz Scheiben an der Paßstraße Lohberg – Bayerisch Eisenstein in 40 Min. erfolgen.
Das *Zwercheck* beeindruckt durch seine bunten Bergwiesen, seine eigenartigen Fels- und Steinhalden und seinen Ausblick auf die Waldflanken des Arber. Die Weltferne, die wir spüren, wird noch unterstrichen durch den Eisernen Vorhang, der über das Plateau wegzieht und durch die Ruine der ehemaligen Prager Hütte, die nur 30 m jenseits der Grenze steht.
Von hier verläuft die Grenzschneise über einen wilden, felsdurchsetzten Bergkamm hinüber zum Osser. Ein schmales Steiglein windet sich, bald diesseits und dann wieder jenseits der Grenzlinie, 3 Std. weit über Steinblöcke, Heidelbeerkräuter und ragende Felsen. Weil es hier gar nicht möglich ist, immer nur auf deutschem Boden zu bleiben, ist diese Tour nur kundigen und geübten Bergwanderern zu empfehlen. Auf jeden Fall sollten wir uns immer so verhalten, daß tschechische Grenzer nicht den geringsten Grund haben, einzuschreiten.
Der Weg ist voller Abwechslung. Auf stille Waldpartien folgen wilde Felsburgen. Silbergrau schimmern die Wetterfichten. Manchmal scheint der ganze Wald im Ster-

ben zu liegen. Die beiden Osserspitzen vor uns rücken sich immer wieder wirkungsvoll ins Bild. Jenseits des Tales ragt der Arber majestätisch über den Wäldern auf. Wir befinden uns auf einem der einsamsten und landschaftlich schönsten Wege des Gebirges.
Zweimal sehen wir hinüber ins böhmische Angeltal bei Osserhütten und Osserhammer. Markante Felsen im Grenzkamm – die Höhe 1228 – sind eine gute Gelegenheit zur Rast (95 Min.). Hier können wir den Grenzstein als Tisch benützen und rund herum auf den Felsen sitzen.
Weiter geht es durch hüfthohes Schmielgras, über morsche, gefallene Bäume, über Felsblöcke und Heidelbeergestrüpp, in dem im Spätsommer die blauen Beeren in nie gesehener Fülle hängen. Wo der Grenzweg vor dem Gipfelaufbau bei hohen Felsen endet, schlüpfen wir durch eine Absperrung hinaus auf den Hauptwanderweg (früher: Lohberger Steig) (160 Min.), der uns mit grünem Dreieck im weißen Grund zum Gr. Osser hinaufführt (180 Min.). Es ist zu guter Letzt noch ein steiler, felsiger Aufstieg, manchmal ausgesetzt, doch gesichert, aber die beherrschende Sicht vom Gipfel lohnt alle Mühen.
Hier empfiehlt sich der mit grünem Dreieck im weißen Grund markierte Abstieg in Richtung Lohberg, von dem aus in 940 m Höhe eine 5½ km lange Skiloipe einsam und ohne nennenswerte Steigung zum Scheibensattel zieht.

23 Silbersbach – Südgrat – Kl. Osser

Silbersbach/Eggersberg – Südgrat – Kl. Osser – Gr. Osser. (s. Skizze S. 101)

Gehzeit: 3 Std. 40 Min. **Streckenverlauf:** schwer. **Höhenunterschied:** 1300 m. **Erforderlich:** gute Kondition, Bergerfahrung, Schwindelfreiheit, Karte, Kompaß, Bergausrüstung. **Einkehrmöglichkeit:** Osserschutzhaus.
Nicht markiert.

Im Italienischen gibt es das Wort „Direttissima" für den direktesten Aufstieg auf einen Berg. Auch der Kl. Osser hat so einen Aufstieg. Er ist alpin steil und hat weder Weg noch Markierung, aber er ist aufregend schön.
Wenn wir vom Lamer Winkel zum doppelgipfeligen Grenzberg hinaufschauen, fallen uns ein paar felsnarbige Stellen auf, die der Wald in den 10000 Jahren seit der letzten Eiszeit noch nicht überdecken konnte. Ein regelrechter Felsgrat zieht vom Kl. Osser in Richtung zwischen Eggersberg und Silbersbach hinab, wo er sich allmählich in den Wäldern verliert. – Über diesen Grat führt eine der schönsten Aufstiegsrouten. Sie fordert schwindelfreie Wanderer, die gerne ohne Weg gehen und den harten Aufstieg nicht scheuen.
Als Ausgangspunkt kann *Silbersbach* oder *Eggersberg* gelten. Während von ersterem ein sehr steiniger Waldweg bis zu dem genannten Grat – und noch weiter bis zum Sattel zwischen Kl. und Gr. Osser hinaufführt, zieht von Eggersberg eine Waldstraße bergwärts. Auf beiden Wegen kommen wir zum Südgrat. Am besten ist es aber, wenn wir ihn durch den Wald ohne Weg möglichst weit in Talnähe zu erreichen suchen (40 Min.). Wir brauchen ihm dann auf vorhandenen Trittspuren nur aufwärts zu folgen. Schöner, einsamer Bergwald mit Aus-

blicken zum Gr. Osser und zum Grenzkamm lassen uns die Anstrengungen des Aufstiegs bald vergessen.
Allmählich wird der Baumwuchs spärlicher und hört plötzlich ganz auf (80 Min.). Vor uns steigt der Berg außergewöhnlich steil an. Der Hang scheint nur noch aus Fels und Gras zu bestehen.
Hier ist Vorsicht angebracht, denn die Steinblöcke liegen oft locker und kippen unter unseren Tritten. Das hohe, ungemähte Gras ist trügerisch. Es verdeckt die Sicht auf den Hang. Griffe und Tritte suchend, tasten und stemmen wir uns empor. Eine Felsenkanzel nach der anderen erobern wir, aber noch steht hoch über uns das Gipfelkreuz. Rechts von der felsigen Gratschneide geht es wild hinein in einen abschüssigen Hang, durch den weit unten der reguläre Wanderweg von Silbersbach ansteigt.
Verschnaufend schauen wir oft von schwindelnder Höhe frei hinunter in den Lamer Winkel, wo sich bis zum Kaitersberg-Arber-Kamm dichte Wälder breiten. Nur ein schmales Wiesental und die Lichtungen der Bergbauernhöfe von Vorderöd bis zu den Mooshütten hinauf blicken wie grüne Augen zu uns herauf. Ein Kranz von Bergen, vom Zwercheck bis zum Hohenbogen umgibt den grünen Lamer Winkel.
Nach einer weiteren Felsbastion, aus deren Rissen lange Gräser wachsen, und die erneut zum Verweilen verführt, wird der Aufstieg zur Kletterei. Gute Tritte und Griffe, rauher Fels und feste Graspolster machen ihn aber zum Vergnügen.
Nach Überwindung einer letzten griffigen Wand stehen wir auf dem Gipfel des Kl. Osser (120 Min.) und fühlen die ungläubigen Blicke der „Durchschnittswanderer", die auf normaler Route gekommen sind. Viele von ihnen wagen nicht einmal einen Blick da hinunter, wo wir heraufgestiegen sind.
Kein Gipfel im Grenzgebirge gewährt einen so gewaltigen Tiefblick wie der Kl. Osser. Wenn wir dann noch auf einem der zahlreichen Trampelpfade oder gar über die Gratfelsen hinüberqueren zum Gr. Osser (150 Min.), fin-

den wir im Sattel, rechts von Silbersbach heraufkommend, wieder den steilen steinigen Wanderweg. In einer knappen Stunde können wir auf ihm zum schön gelegenen und vom Fremdenverkehr noch kaum berührten Bergort am Fuß des Kl. Osser absteigen (220 Min.). Wer das Auto dort stehen hat, oder abgeholt wird, findet im „Hotel zum Osser“ eine gute Einkehr.

24 Altlohberghütte – Sesselplatz – Osser und zurück über den Grenzkamm

Altlohberghütte – Sesselplatz – Gr. Osser – Kl. Osser – Grenzkamm bis Stein 26/2 – Altlohberghütte. (s. Skizze S. 101)

Gehzeit: 3 Std. 50 Min. **Streckenverlauf:** mittelschwer. **Höhenunterschied:** 1350 m. **Erforderlich:** gute Kondition, Karte, Kompaß, Orientierungssinn, Bergausrüstung – Bis in den Mai hinein Firnreste! **Einkehrmöglichkeit:** Osserschutzhaus, Café Goltz.
Markierung: weiß-rot Lo 1a, grünes Dreieck im weißen Grund, Grenzverlauf, Rest unmarkiert.

Eine sehr schöne und einsame Wanderung, die etwas Orientierungssinn verlangt, ist der Aufstieg zum Osser von Altlohberghütte über den Sesselplatz mit Abstieg über den Grenzkamm. Unser Ausgangspunkt ist der Wanderparkplatz an der Scheibenstraße vor *Altlohberghütte.*
Die weiß-rote Markierung „Lo 1a" führt uns, anfangs nur leicht steigend, sofort in den Wald. Der Weg ist meist wenig ausgeprägt, aber sehr gut gekennzeichnet. Nach 15 Min. folgen wir einer Forststraße kaum 200 m aufwärts, kreuzen eine weitere Straße (im Winter Langlaufloipe!) und steigen einen steilen Weg empor. Nach 100 m überschreiten wir ein Bächlein, folgen ihm gut 100 m aufwärts – dann geht es wieder gemächlicher links durch den Hangwald (30 Min.). Jetzt gut auf die Markierung achten, denn der Weg ist manchmal unübersichtlich! Nach 5 Min. queren wir erneut ein Rinnsal und steigen anschließend auf kaum kenntlichem aber gut markiertem Waldpfad hinauf zum *Sesselplatz* (45 Min.).
Leider biegt der Weg vor der malerischen Lichtung links ab. Aber wir sollten uns diesen lohnenden Abstecher

von kaum 10 Min. leisten, denn der Blick von der Grenzerhütte am oberen Waldrand zum Arber ist gewaltig, und wir haben in Stille und Bergeinsamkeit (1100 m) einmal Muße, uns das Leben des Hirten auf einer Bergweide vorzustellen. – Etwa 70 m nördlich der Hütte läuft bereits der Grenzkamm Osser-Zwercheck vorbei.
Wir müssen wieder auf unseren Weg zurück, der sich ohne nennenswerte Steigung jetzt durch den Bergwald windet, bis von links die Hohenbogen-Osser-Arber-Variante des nördlichen Hauptwanderwegs (grünes Dreieck im weißen Grund) heraufkommt. Ihr folgen wir aufwärts und kommen gleich danach an einer lauschigen Sitzgruppe vorbei. Der gute Bergsteig führt zuerst zügig, dann immer steiler in Serpentinen über die gewaltigen Grenzfelsen zum *Gr. Osser* hinauf (90 Min.). Auf einem kurzen Stück, an den Felsen entlang zum Gipfel hinüber, besteht Absturzgefahr. Es ist aber mit Drahtseilen gut gesichert.
Der alpin anmutende Felsgipfel bietet eine großartige Aussicht nach Böhmen und Bayern, ganz besonders auf den Kaitersberg-Arber-Kamm in seiner ganzen Länge. An klaren Tagen kann der Blick bis zu den Alpen und zum Riesengebirge gehen. Tief unten liegt das Angeltal mit Brücklberg und Panzer im Hintergrund und der Spitzberg mit den Waldtrichtern von Teufelssee und Schwarzem See. Der *Kl. Osser,* den wir in 20 Min. erreichen, steht, was die Aussicht anbelangt, nicht zurück. Wenn auch der Blick nach Böhmen fehlt – in den Lamer Winkel hinunter und in das stille Tal von Lambach ist er fantastisch. Anschließend kehren wir wieder zum Gr. Osser zurück, denn unser Abstieg folgt von seinem Gipfel weg zunächst dem Aufstiegsweg mit dem grünen Dreieck (aber nicht nach Lam!). Wir gehen wieder an den Grenzfelsen entlang. Gleich nach dem letzten Felsen steigen wir links in den Grenzweg ein (140 Min.). Der Weg ist nicht markiert, aber die Grenze, die in einer breiten Schneise, weiß vermarkt und weißblau ausgefluchtet, verläuft, ist der beste Wegweiser. Sie sollte jedoch nicht überschritten werden. Nach 160 Min., wo sie nach merk-

lichem Abstieg einen scharfen Knick nach links macht und der Weg auffallend naß und grasig wird (Stein 23/18!), entdecken wir rechts im Wald das Hütterl vom Sesselplatz wieder. Es besteht also auch von hier die Möglichkeit, ihn aufzusuchen. Jetzt folgen wir der Grenze, an wilden Felsen vorbei, bis zum Stein 26/2 (190 Min.). Dort gehen wir rechts – südwestlich mit Marschzahl 24 – in den etwas lichter scheinenden Wald. Ein schmales Weglein wird, etwas nach rechts schwenkend, zum grasigen Fahrweg, der in Fallinie des Hanges südwestwärts hinunterführt. Er mündet bald in einen breiten, stark ausgewaschenen Weg (210 Min.), der eine Straße quert und mit Ausblicken und allgemeiner Richtung Enzian weiter steil zum Café Goltz an der Scheibenstraße abfällt. Auf der Straße müssen wir noch etwa 300 m talwärts gehen bis zum Ausgangspunkt (230 Min.).

25 Lohberg – Oberhaiderberg – Zwercheck – und zurück über den Grenzkamm

Lohberg – Unterhaiderberg – Oberhaiderberg – Zwercheck – Grenzkamm bis Stein 26/2 – Altlohberghütte – Lohberg. (s. Skizze S. 105)

Gehzeit: 4 Std. 5 Min. **Streckenverlauf:** mittelschwer. **Höhenunterschied:** rund 1300 m. **Erforderlich:** Normale Kondition, Karte, Kompaß, kleine Bergausrüstung. Keine Einkehrmöglichkeit bis Café Goltz (Altlohberghütte).
Markierung: Lo 3b, 5, 3.

Diese Wanderung läßt uns Anmut und Wildheit des Lamer Winkels in einem erleben. Sie meidet die viel begangenen Wege und vermittelt den Charakter der Landschaft deshalb umso mehr.
Wir nehmen den Sportplatz in Lohberg als Ausgangspunkt, steigen mit der Markierung „Lo 3b“ sofort in das Waldtal des *Perlesbaches* hinunter, folgen ihm aufwärts, bis wir ihn nach 7 Min. überschreiten und steil zur Lichtung von Unterhaiderberg hinaufstreben (20 Min.). Hier verliert sich die Markierung – aber wir gehen, an einem Wasserbecken vorbei, direkt gegen den Berg und haben schon nach 50 m einen Durchblick durch den hochstämmigen Wald zu den Bergwiesen von Oberhaiderberg. Wir steigen direkt empor (der Weg geht mitten durch die Wiesen!), halten uns aber jetzt am besten ohne Weg am rechten Waldrand, weil wir so oben, bei einem baumgesäumten Querweg, zu einer sehr schönen Totenbrettergruppe kommen (40 Min.).
Auf dem Wiesenweg hinüber zum Haus tut sich dann ein prächtiger Rundblick auf. Wir kommen an einer mächtigen Linde mit Rundbank vorbei und folgen der Markierung „schwarze 5 im weißroten Kreis“ bergwärts. Im Wald wendet sich der Weg links, wird breiter und quert

die Scheibenstraße (65 Min.). – Jetzt wird er zum angenehmen Bergpfad. Nach einer Viertelstunde überschreiten wir ein Wässerchen, nach weiteren 5 Min. die Hangstraße (im Winter: Loipe!), die sich vom Brennes über die Scheiben nach Eggersberg zieht (85 Min.). Kurze Zeit später beginnen die Serpentinen, die Ausblikke zum Arber-Enzian-Gebiet gewähren und von klaren Quellwassern überströmt, hinaufführen zum Felsgipfel des *Zwerchecks* (110 Min.).
Mit einer Höhe von 1333 m überragt er den Gr. Osser um 40 m. Die Aussicht reicht vom Lackaberg über Falkenstein, Rachel, Arber-Kaitersberg-Kamm bis in das Tal des Weißen Regen.
Wir sollten uns aber auch die weitläufige Gipfelblöße näher ansehen. Sie prangt je nach Jahreszeit immer wieder in anderen Farben. Im Juni blühen purpurrot die Fichten. Im Sommer, wenn das Gras blüht, schimmert sie rotviolett, im Herbst maisgelb. Die vielen Felsblöcke sind Überbleibsel aus der letzten Eiszeit. Die gespenstisch anmutende Ruine der einstigen Prager Hütte, 30 m jenseits der Grenze, war einst beliebter, gut frequentierter Einstieg in das Wandergebiet um den Schwarzen See und Teufelssee, bis nach dem Krieg der „Eiserne Vorhang“ niederging.
Wir folgen nun dem Grenzverlauf und haben schon nach kurzer Zeit einen schönen Ausblick zum Osser. Felsblöcke, Heidelbeerstauden, Moos, Flechten, modernde Baumstrünke, sterbender Wald und ein ständiges Auf und Ab mit immer neuen Ausblicken – das ist der wilde *Grenzkamm.* Dann erklettern wir das Felsenriff der Höhe 1228 mit wunderschöner Sicht auf den Osser und in den Lamer Winkel mit Kaitersberg und Hohenbogen im Hintergrund (165 Min.). Beim Grenzstein 26/2 (185 Min.) entdecken wir links – nur bei guter Aufmerksamkeit – ein Weglein, das von der Grenze weg in den Wald führt (am Baum z. Z. gelber Doppelring!). Schon nach kaum 50 m findet es, rechts abschwenkend seine Fortsetzung in einem immer deutlicher erkennbaren, grasigen Fahrweg, der unmarkiert talwärts (nach Süd-

westen) abfällt und sich nach 10 Min. mit einem von rechts kommenden, grob ausgeschwemmten Weg vereinigt (195 Min.). Man kann hier nicht fehlgehen. Diese Wege führen alle bei *Altlohberghütte* (Café Goltz) in die Scheibenstraße (215 Min.).

Auf ihr gehen wir 300 m bergab bis zum Wanderparkplatz und folgen der Markierung „schwarze 3 im weißroten Ring", die uns durch lauschigen Wald nach *Lohberg* bringt. Nach 20 Min. haben wir vom Waldrand den ersten schönen Blick auf den Ort und seine Berge. 10 Min. später kommen wir zum Ausgangspunkt (245 Min.).

26 Sattel – Jägerhübel – Gr. Osser – Kl. Osser – und zurück über Osserwiese

Sattel – Grenzweg – Jägerhübel – Gr. Osser – Kl. Osser – Osserwiese – Sattel. (s. Skizze S. 101)

Gehzeit: 2 Std. 20 Min. **Streckenverlauf:** mittelschwer. **Höhenunterschied:** 850 m. **Erforderlich:** gute Übung, Karte, Kompaß, leichte Bergausrüstung. **Einkehrmöglichkeit:** Osserschutzhaus.
Markierung: unmarkiert bis zum Grenzverlauf, dann Grenze, Abstieg: grünes Dreieck im weißen Grund.

Wenn im November – wie alle Jahre – der Nebel in den Tälern liegt, dann kommen wenig Wanderer auf die Berge. Aber blauer Himmel, goldene Sonne, bunte, herbstliche Pracht und eine weite Sicht werden dem zuteil, der den Aufstieg wagt. – Und das ist es, was jeder Berggeher schätzt. Wo könnte es um diese Zeit schöner sein, als auf den ragenden Gipfeln des Osser?
Es muß durchaus nicht eine der großen, ganztägigen Ossertouren sein. Ein herbstlich-kurzer Nachmittag tut es auch. – Wir fahren mit dem Auto bis zum Parkplatz *Sattel* (Abzweigung von der Straße nach Lambach!), steigen aber nicht den Hauptwanderweg mit grünem Dreieck über die Osserwiese zum Kl. Osser hinauf, sondern nehmen einen nach Nordosten führenden unmarkierten Fahrweg, der schon nach 300 m sich mit dem Aufstieg von Lambach (weiß-rot, L 3) vereinigt. Jetzt zeigt die Fernsprechleitung eine kurze Strecke den Weg. Kurz nach einem Brunnen (15 Min.) zweigt ein horizontal verlaufender, lauschiger und einsamer Weg links ab. Ihm folgen wir. Er wird bald zu einer grasigen Waldstraße, die nur wenig ansteigt, aber sich langsam nach Norden reibt. Sie mündet in eine häufiger befahrene, von rechts kommende Straße. Über den Baumwip-

feln vor uns sehen wir schon in nächster Nähe den Grenzkamm, den wir anstreben.
Wo die Straße nach Nordwesten einbiegt, aber noch bevor sie zu einer von links heraufkommenden Straße abfällt (30 Min.), steigen wir weglos durch wilden Wald aufwärts. Schon nach 200 m und nach Überwindung von 80 m Höhendifferenz überschreiten wir den Bergkamm. Felsen sind leicht zu umgehen. Keine Angst vor der Grenze! Sie verläuft erst etwa 30 m dahinter und ist gut sichtbar weiß vermarkt und weiß-blau ausgefluchtet.
Der Grenzweg führt nach rechts direkt zum Gr. Osser. Ein paar Felshöcker rechts gewähren keinen Ausblick. Erst wo die Grenze direkt nach Süden einbiegt, am Beginn eines weiten Sattels, steht wie von einer Riesenfaust zertrümmert der 1101 m hohe *Jägerhübel* (45 Min.). Von seinen Felsen hat man einen schönen Blick hinaus in die Täler und zum mächtig aufbuckelnden Hohenbogen. Fast noch 200 m über uns erhebt sich der Gr. Osser.
Der nun beginnende Aufstieg ist ebenso steil wie romantisch. Über grünbemooste Felstrümmer geht der Weg empor, wird oben auch vorübergehend morastig und grasig, bis wir zu guter Letzt in einer leichten Kletterei das *Schutzhaus* erreichen (Route 20), (80 Min.).
Tief unter uns dehnen sich jetzt die böhmischen Wälder bis zum Hochkamm Prennet-Brücklberg-Panzer. Wo links hinter dem Zwercheck der Spitzberg sich zeigt, erkennen wir die beiden Waldtrichter, in denen Schwarzer See und Teufelssee ruhen. Aus dem Talgrund schauen die Häuschen von Osserhammer und Kreuzwinkel herauf. Halb verborgen im Wald sehen wir Eisenstraß, dessen Bahnhof eine halbe Stunde vom Ort entfernt auf der uns zugekehrten Seite des Berges liegt.
Vom Felsgipfel des *Großen Osser* kann man an klaren Herbsttagen einen Blick bis zu den Alpengipfeln und bis zum Fichtel-, Erz-, und Riesengebirge haben. In den Tälern liegt dann meist Nebel oder Dunst.

Sind wir noch gut in der Zeit, so sollten wir auch den *Kl. Osser,* jenen alpin ragenden Felsgipfel, der im ganzen Bayerischen Wald nicht seinesgleichen findet, besteigen (110 Min.). Er gewährt uns eine bezaubernde Sicht in den Lamer Winkel. Beim Abstieg finden Fotografen von einem schmalen Seitensteig, etwa 50 m links vom Hauptweg, rückblickend, die schönsten Motive. Wenn es aber schon gegen Abend geht, lohnt es sich, auf den Sonnenuntergang zu warten, der gerade von hier so gut zu beobachten ist. Der Abstieg zum *Sattel* ist dann menschenleer und auch im noch lange anhaltenden, letzten Licht der Dämmerung gut zu finden (140 Min.).

Der Falkenstein – ein Zauberreich

Wenn wir uns die Zweiteilung des Grenzgebirges in einen Oberen und einen Unteren Bayerischen Wald zu eigen machen, dann können wir den Falkenstein als interessantes Bindeglied ansehen. Eingegabelt von der „Zwiesel" aus Gr. und Kl. Regen, etwas weiter nach Osten gerückt als der übrige Hauptkamm, von ungeheuren Wäldern umgeben, spielt er eine Außenseiterrolle und vereinigt doch die Merkmale beider Gebirgsteile glücklich miteinander. Der Felscharakter des Kaitersberges, des Arber und Osser kehrt in den Abstürzen des Kl. Falkenstein und der zahlreichen „Riegel" wieder. Auch Wasserfälle und Urwaldgebiete, wie am Arber, finden wir in den Hängen des Falkenstein. Doch sind seine im allgemeinen flachen Gipfelformen, die Moore und die berühmten Schachten, der endlose Wald mit seiner bohrenden Einsamkeit und das Fehlen von tiefen, besiedelten Tälern schon eine typische Eigenart des Unteren Waldes. Und gerade weil der Falkenstein diese beiden Gesichter zugleich zeigt, ist er von unwiderstehlichem Zauber für viele Wanderer, ob sie die Schönheit und Wildheit ragender Gipfel lieben, oder ob sie die Weite und Stille, die Freiheit entlegener Bergwälder suchen.

Über den Falkenstein führen viele Wanderwege. Es kommt nur darauf an, daß wir die richtigen gehen – oder noch besser: daß wir uns auch einmal freimachen von den markierten Wegen. Dann erst wird er uns sein ernstes Antlitz ganz enthüllen.

Die gebräuchlichsten Aufstiege

Zwieseler Waldhaus auf der einen, und Höllbachgspreng auf der anderen Seite bündeln mit wenigen

Ausnahmen die von allen Seiten herkommenden Wege. Aber noch der Berg selbst bietet viele Möglichkeiten.

Vom Zwieseler Waldhaus (Bayerisch Eisenstein, Seebachschleife, Regenhütte, Ludwigsthal)

1. Über Steinbachfall – Kl. Falkenstein – zum Gr. Falkenstein (Markierung: weiße 2 im blauen Grund, siehe Route 27!)
2. Über Ruckowitzschachten – zum Gr. Falkenstein (Markierung: grünes Dreieck im weißen Grund)
3. Über Ahornriegel – Höllbachschwelle – Höllbachgspreng – zum Gr. Falkenstein (Markierung: erst weiße 3, zuletzt weiße 1 im blauen Grund)

Von Schleicher (Ludwigsthal)

Über Kl. Falkenstein – zum Gr. Falkenstein (Markierung: weiße 4 im blauen Grund)

Von Kreuzstraßl: (Ludwigsthal, Lindberg, Zwiesel)

Über Ahornriegel – Hochschachtenriegel – zum Gr. Falkenstein (Markierung: weiße 2 im blauen Grund)

Von Schwarze Brücke (Lindberg, Zwiesel)
oder Bauhüttenbrücke (Spiegelau, Buchenau)

Über Höllbachschwelle – Höllbachgspreng – zum Gr. Falkenstein (Markierung: von Schwarze Brücke bis Höllbachschwelle weiße 1 im blauen Grund, von Bauhüttenbrücke bis Höllbachschwelle grünes Dreieck im weißen Grund – dann gemeinsam weiße 1 im blauen Grund und grünes Dreieck im weißen Grund, siehe Route 28!)

Alle diese Aufstiege sind schön. Wir sollten uns aber zunächst auf das Charakteristische beschränken: Auf Steinbachfall, Kl. Falkenstein (Route 27) und Höllbachgspreng (Route 28). Dabei dürfen wir Zwiesel mit seinem Waldpropheten nicht vergessen. Weitere Tageswanderungen sollen uns in die Einsamkeit der Schachten und Wälder führen, und zur Grenze, wo wir heute noch in der Wildnis die Spuren des uralten Bayernweges finden, der als erster Handelssteig vor dem Jahr 1000 schon das Gebirge überquerte.

27 Zwieseler Waldhaus – Gr. Falkenstein

Zwieseler Waldhaus – Mittelsteighütte – Steinbachfall – Kl. Falkenstein – Gr. Falkenstein. (s. Skizze S. 126)

Gehzeit: 2 Std. **Streckenverlauf:** leicht. **Höhenunterschied:** 512 m. **Erforderlich:** normale Kondition, leichte Bergausrüstung. **Einkehrmöglichkeit:** Falkensteinhaus.
Markierung: weiße 2 im blauen Grund.

Idealer Ausgangspunkt für eine Falkensteinbesteigung ist immer das Zwieseler Waldhaus, das wir von Bayerisch Eisenstein über den Watzlikhain, von der Seebachschleife über das Schwellhäusl oder mit dem Auto von Ludwigsthal aus erreichen können.
Es erinnert an einen Schildbürgerstreich. Noch um das Jahr 1764 war der Steinbach die böhmische Grenze. Schon 10 Jahre vorher war bekannt, daß sie weiter nach Norden verlegt werden sollte. Deshalb wurde das anschließende Waldgebiet vorübergehend zum Niemandsland, und das Volk holte sich daraus, was es brauchte, und was nicht mehr behütet war. Diese Zustände bewogen einen hohen Beamten 1754, ein starkes Blockhaus bauen zu lassen mit einem handfesten Förster und Grenzschützen, der für Ordnung sorgen sollte. Das Haus wurde 1764 gebaut, aber von einem armen Tagwerker und ohne die dazu erforderliche allerhöchste Erlaubnis. Den Zwieselern war es von vorneherein ein Dorn im Auge, denn hier ging einer ihrer Schmugglersteige vorbei. Als auch noch der Bierausschank dazukam, und die jungen Leute beiderlei Geschlechts, die da verkehrten, den schwarzen Handel über die Grenze beobachten konnten, zogen sie im Sommer 1776 mit Pferden und Wagen hinaus, brachen das Haus ab, verluden es auf 14 Fuhrwerke und brachten es unter dem Gejohle der Neugierigen in ihren Markt.

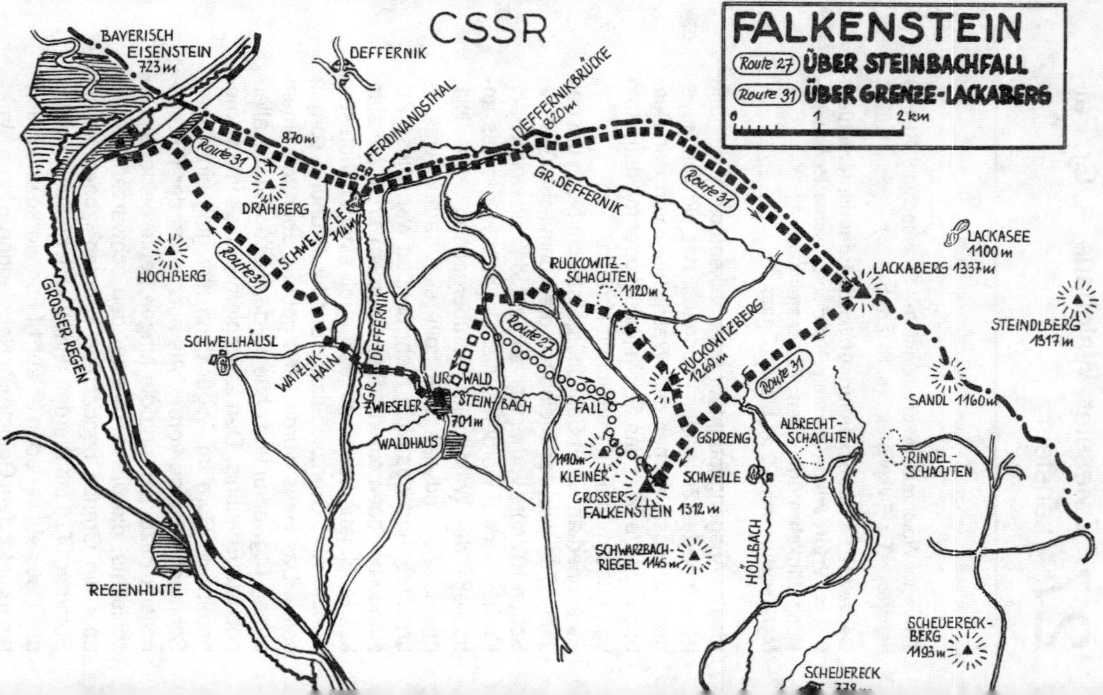

FALKENSTEIN
Route 27 ÜBER STEINBACHFALL
Route 31 ÜBER GRENZE-LACKABERG
0 1 2 km
CSSR
BAYERISCH EISENSTEIN 723 m
DEFFERNIK
FERDINANDSTHAL
DEFFERNIKBRÜCKE 820 m
870 m
Route 31
DRAHBERG
HOCHBERG
SCHWEL-LE 714 m
GR. DEFFERNIK
GROSSER REGEN
SCHWELLHÄUSL
WATZLIK-HAIN
URWALD
ZWIESELER
STEIN-BACH
FALL
701 m
WALDHAUS
Route 27
RUCKOWITZ-SCHACHTEN
1120 m
RUCKOWITZBERG 1269 m
GSPRENG
1190 m
KLEINER-
GROSSER-FALKENSTEIN 1312 m
SCHWELLE
SCHWARZBACH-RIEGEL 1145 m
HÖLLBACH
ALBRECHT-SCHACHTEN
RINDEL-SCHACHTEN
LACKASEE 1100 m
LACKABERG 1337 m
STEINDLBERG 1317 m
SANDL 1160 m
SCHEUERECK-BERG 1193 m
SCHEUERECK
REGENHÜTTE

1½ Jahre später durfte es mit Billigung der Österreicher, die ins Straubinger Land eingefallen waren, wieder errichtet werden. Seither hat es diesen schönen Platz. Noch lange liefen die Zwieseler Sturm dagegen, aber es blieb stehen bis heute. Es bekam den Namen „Zwieseler Waldhaus“.

Wenn auch die Tradition des Hauses erst 200 Jahre zurückreicht, so scheint der Ort schon vor 1000 Jahren große Bedeutung gehabt zu haben. Hier dürfte eine Ausweichroute des um das Jahr 1000 entstandenen Gunthersteiges vorbeigeführt haben, die durch die Pforte von Ferdinandsthal/Deffernik den Talkessel von Markt Eisenstein erreichte.

Gleich hinter dem Zwieseler Waldhaus – im Urwald von Mittelsteighütte – stehen die mächtigsten Bäume Deutschlands. Die Bismarcktanne hat mit gebrochenem Gipfel eine Höhe von 51 m erreicht. Da liegen aber auch alte Baumleichen, vom Blitz oder vom Sturm gefällt, überzogen von Moos und Flechten, zerhackt vom Specht und zerfressen von Maden und Käfern.

Vom Zwieseler Waldhaus aus folgen wir der Markierung „weiße 2 im blauen Grund“ durch jüngeren Mischwald, aus dem Blumen und Himbeeren leuchten, und steigen steinig und immer steiler empor. Eine 400jährige Eibe steht links des Weges. Bald danach rauschen vor uns die Wildwasser des Steinbachfalls über die Felsen (70 Min.)

20 Min. später gewahren wir von einer winzigen Lichtung aus gegen den Südwesthimmel ein paar unscheinbare Felsen – den 1184 m hohen Kl. Falkenstein (90 Min.). – Keine Müdigkeit darf uns hindern, sie zu besteigen. Sie sind eine der großen Überraschungen dieser Tour, denn sie schenken einen Blick in den Abgrund, wie wir ihn nicht erwartet haben. Die Felswände unter uns sind oft überhängend.

Bei einer Rast schauen wir hinunter ins Regental. In den weiten Wäldern liegt das Glasmacherdorf Regenhütte.

Nach einer weiteren halben Stunde gemächlichen Aufstiegs stehen wir schließlich auf dem Gipfel des Gr. Fal-

kenstein (1312 m, 120 Min.), wo uns wieder eine wundervolle Aussicht zuteil wird. – Im Norden ragen Osser und Arber, im Süden der Rachel und die Donauberge auf, und bei Föhn sehen wir am Horizont sogar die silbrigen Alpengipfel. In der Tiefe liegen in grünen Tälern Eisenstein und Zwiesel. Am eindrucksvollsten ist aber immer der Wald.
Das Schutzhaus des Bayerischen Waldvereins mit seiner schönen Glasveranda bietet sich zur Einkehr an. – Der Abstieg kann über den Ruckowitzschachten (90 Min.) oder über Höllbachgspreng und Schwarzbachriegel erfolgen (120 Min.), (Route 29, 30).

28 Schwarze Brücke – Höllbachgspreng – Gr. Falkenstein

Schwarze Brücke/Bauhüttenbrücke – Höllbachschwelle – Höllbachgspreng – Gr. Falkenstein. (s. Skizze S. 130)

Gehzeit: 2 Std. 10 Min. **Streckenverlauf:** mittelschwer. **Höhenunterschied:** 600 m. **Erforderlich:** leichte Bergausrüstung. **Einkehrmöglichkeit:** Falkensteinhaus.
Markierung: von Schwarze Brücke weiße 1 im blauen Grund, von Bauhüttenbrücke grünes Dreieck im weißen Grund, ab Höllbachschwelle beide Markierungen.

Einer der schönsten Aufstiege zum Gr. Falkenstein führt durch das Höllbachgspreng, das zu den urigsten Naturschutzgebieten des Bayerischen Waldes zählt. Woher uns der Weg auch führen mag, wir sollten es immer so einrichten, daß wir über die *„Bauhüttenbrücke"* oder noch besser über die *„Schwarze Brücke"* kommen und den lauschigen Wandersteig am Höllbach aufwärts zur *Höllbachschwelle* (70 Min.) gehen können (von wo die beiden Markierungen vereinigt weiterführen). Schon dort erfaßt uns der Zauber dieses Tales. Das Rauschen des Wassers wird immer stärker. Schließlich gischtet vor uns der *Höllbachwasserfall* (90 Min.).
Wir folgen dem schmalen Serpentinenweg durch das *Höllbachgspreng* aufwärts. Gelb-grüne flechtenüberzogene Felswände, mächtige Bäume hängen über uns herein. Meterdicke Buchenleiber liegen gebrochen und vermodernd über dem Abgrund. Wasser sickert und tröpfelt aus den immer feuchten Hängen und Schluchten. Lattich, Farn, Blumen und darüber das weite grüne Dach der Baumriesen lassen selbst die spärlichen Sonnenstrahlen, die das Düster des Urwalds durchdringen, grün erscheinen. Urwald im Höllbachgspreng – Wald, der sich selbst überlassen blieb, seit die Gletscher wegtauten, der noch nichts eingebüßt hat von seiner Schön-

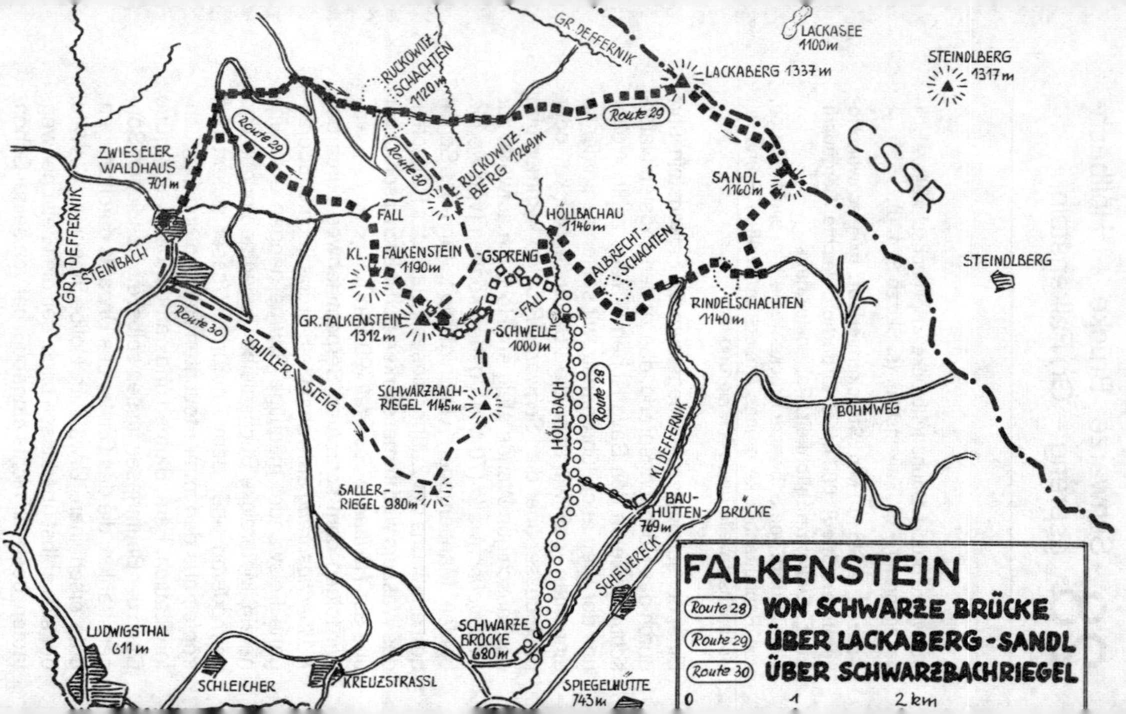
FALKENSTEIN
Route 28 VON SCHWARZE BRÜCKE
Route 29 ÜBER LACKABERG-SANDL
Route 30 ÜBER SCHWARZBACHRIEGEL
0 1 2 km
CSSR
LACKASEE 1100 m
LACKABERG 1337 m
STEINDLBERG 1317 m
STEINDLBERG
SANDL 1160 m
RINDELSCHACHTEN 1140 m
ALBRECHT-SCHACHTEN
HÖLLBACHAU 1146 m
GR. DEFFERNIK
RUCKOWITZ-SCHACHTEN 1120 m
RUCKOWITZ-BERG 1269 m
ZWIESELER WALDHAUS 701 m
FALL
KL. FALKENSTEIN 1190 m
GSPRENG
GR. FALKENSTEIN 1312 m
FALL
SCHWELLE 1000 m
GR. STEINBACH
GR. DEFFERNIK
SCHILLER-STEIG
SCHWARZBACH-RIEGEL 1145 m
SALLER-RIEGEL 980 m
HÖLLBACH
KL. DEFFERNIK
BÖHMWEG
BAU-HÜTTEN-BRÜCKE 769 m
SCHEUERECK
LUDWIGSTHAL 611 m
SCHLEICHER
KREUZSTRASSL
SCHWARZE BRÜCKE 680 m
SPIEGELHÜTTE 743 m
Route 29
Route 30

heit. Wenn aber heute der Aufstieg als Naturlehrpfad ausgebildet ist, dann möchte ich dies als eine Verirrung der Naturschützer bezeichnen. Möchten sie doch endlich einsehen, daß jeder noch so gut gemeinte Eingriff die Natur fast immer zerstört!
Das grüne Dreieck im weißen Grund führt uns nach dem Ausstieg aus dem Gspreng weiter zum Gipfel des *Gr. Falkenstein* (130 Min.) der einen prächtigen Blick über den Kessel von Zwiesel bietet.
Zwiesel soll schon vor 1000 Jahren von Goldwäschern gegründet worden sein. Die Stadt gilt als geistiger und kultureller Mittelpunkt des Bayerischen Waldes. Ihr Name (von zwie – zwei und sel – sal, wie Rinnsal) bedeutet „Gabel", nämlich die Gabel, die von Gr. und Kl. Regen gebildet wird. Hier gabelten sich im Mittelalter auch zwei Handelssteige, und zwar der Bayernweg und der Gunthersteig. Schon immer hieß es: „Glas und Holz sind Zwiesels Stolz". Seine 1904 gegründete Glasfachschule und drei Glasfabriken erhalten der Stadt eine Jahrhunderte alte Tradition. Zwiesels Glaserzeugnisse begeistern und gehen in alle Welt. Das Waldmuseum ist sehenswert. Der „Zwieseler Buntspecht", eine Ausstellung von Künstlern aus dem Wald, ist von einem Niveau, das niemand in dieser bäuerlichen Gegend vermuten würde. Im „Zwieseler Fink", einem Volkssängerwettstreit, der alljährlich stattfindet, messen sich Gruppen aus allen Teilen des Gebirges. Und in Zwiesels Erde soll auch Matthias Stormberger, der Waldprophet, begraben liegen.
Der Abstieg vom Gr. Falkenstein erfolgt gewöhnlich auf demselben Weg (Dauer insgesamt: 90 Min.) oder über den *Sulzschachten* (weiße 1a im blauen Grund), wobei man dann von der Höllbachau (Punkt 1146) dem Oberlauf des Höllbachs auf romantischem Steig bis zum Wasserfall folgt und dann das rechte Ufer des Baches bis zur Höllbachschwelle nimmt (Weg zum Zwieseler Waldhaus mit weißer 3 im blauen Grund).

29 Um Falkenstein und Lackaberg

Zwieseler Waldhaus – Mittelsteighütte – Ruckowitzschachten – Lackaberg – Sandel – Rindelschachten – Höllbachgspreng – Falkenstein – Kl. Falkenstein – Steinbachfall – Zwieseler Waldhaus. (s. Skizze S. 130)

Gehzeit: 6 Std. **Streckenverlauf:** schwer. **Höhenunterschied:** rund 2000 m. **Erforderlich:** gute Kondition, Ausdauer, Karte, Kompaß, Bergausrüstung, Orientierungssinn. **Einkehrmöglichkeit:** Schutzhaus auf dem Falkenstein.

Markierung: bis Ruckowitzschachten und nach Rindelschachten bis Gr. Falkenstein grünes Dreieck im weißen Grund, von Ruckowitzschachten bis nach Rindelschachten unmarkiert. Vom Gr. Falkenstein bis Zwieseler Waldhaus weiße 2 im blauen Grund.

Die Markierung „grünes Dreieck im weißen Grund" weist uns schon gleich hinter dem Zwieseler Waldhaus in den Urwald von *Mittelsteighütte* hinein. Er ist besonders schön im Herbst. Das rote Buchenlaub in den weiten Baumkronen leuchtet in der Sonne, taumelt zu Boden und raschelt unter unseren Bergschuhen. Graugrüne Stämme stehen grell gegen dunkle Schatten. Baumriesen – mächtig wie Türme – strecken ihre Arme ins Leere. Einige liegen gestürzt im vergilbten Farnkraut und bleichen in der Sonne. Wir folgen der Markierung in einer weiten Serpentine zu einer neu angelegten Straße empor, die wir auf anfänglich kaum wahrnehmbarem Steig sofort wieder nach links mit Marschzahl 46 verlassen, um nach gut 300 m in 1100 m Höhe den romantischen *Ruckowitzschachten* zu erreichen (60 Min.).

Die weite, einsame Lichtung auf der Schulter des Berges mit einigen längst abgestorbenen Bergahornen, überragt vom waldigen Ruckowitzberg, wurde vor 200 Jahren von den Bayern und Böhmen noch umkämpft. Beide wollten sie als Weidegrund haben. Seit 25 Jahren sind Hirt und Herde für immer abgezogen. Auch der

„Mühlhiasl" – so erzählt man – verbrachte einen Sommer hier heroben als Hirte. Vielleicht haben ihn die alten Bäume, die den Platz säumen und ihre dürren Finger in den Himmel recken, in ihrer Jugend noch gekannt.
Wir folgen nun einem alten Fahrweg nach Osten. Er trägt keine Markierung mehr und führt uns in die vollständige Einsamkeit. 1000 m weiter, nach Querung zweier Quellbäche des Gr. Deffernik, zweigt rechts ansteigend unser Weg von der „Kiesbruchstraße" ab. Durch den Nordhang erreichen wir das Plateau des *Lackaberges* (120 Min.). – Sein Gipfel ist eine flache weite Waldlichtung, von sterbenden Bäumen gesäumt, mit zitterndem, morastigem Boden, in dessen Vertiefungen auch in trockenen Zeiten immer rotbraunes Wasser steht. Über die Blöße zieht die Grenze. Eine Rast am großen, weißen Grenzstein in Stille und Bergeinsamkeit wird zum Erlebnis.
Nur 1000 m ostwärts liegt der kleine, idyllische Lackasee, aber die Grenze macht ihn unerreichbar für uns.
Wenn wir jetzt auf dem *Rindelsteig* weitergehen wollen, wird es schwierig. Zuerst ist er überhaupt nicht zu sehen. Erst im Wald erkennen wir ihn wieder (vom Grenzstein Marschzahl 30!). Er ist sehr verwachsen und führt märchenhaft einsam nach Süden. Karte und Kompaß leisten hier wertvolle Hilfe.
Vorteilhafter ist es aber, 1500 m der Grenze zu folgen, bis zum 150 m tiefer gelegenen *„Sandel"*. Es ist ein mooriger, nasser Weg, und bald begleiten uns sprudelnde Bächlein. Der einer unberührten Wildnis gleichende Sandel ist zerwühlt von tief eingeschnittenen Wasserläufen. Nur die weißen Grenzsteine sagen uns, daß da schon vor uns Menschen waren (155 Min.).
Nicht nur dies, wir stehen auf historischem Boden. Hier überschritt bereits vor 1000 Jahren der Bayernweg die Grenze. Und heute finden wir noch unter Gestrüpp, überwachsen vom Wald, die tief eingefahrenen, uralten Hohlwege.
Jetzt halten wir uns auf Wegspuren nach Südwesten (Marschzahl 28) und treffen nach 500 m auf einen brei-

ten Fahrweg, der rechts zum *Rindelschachten* führt (180 Min.), ein stilles, verträumtes Plätzchen am „Ende der Welt".
Der Name sagt, daß er einst Bergweide für Jungrinder war. Heidelbeeren und Wald nehmen langsam wieder Besitz von dem verwilderten Weidegrund. Selten kommt hier ein Wanderer vorbei, aber gerade seine abgeschiedene Lage, die vielen stehenden Baumruinen und die silbern schimmernden Ahornskelette machen ihn zu einem der schönsten Schachten. Wenn die ersten Fröste schon über den Berg gegangen sind, leuchten die Heidelbeerkräuter wie ein rosaroter Teppich. Aber eimerweise könnte man noch im September die reifen, blauen Beeren pflücken. Wir müßten jede Beziehung zur Natur verloren haben, wenn wir nicht schnell dem unbeschreiblichen Zauber verfielen, der über dieser Lichtung liegt.
Um auf die östliche Route des Hauptwanderwegs hinunter zu kommen, brauchen wir nur einem Quellbächlein zu folgen. Wir erreichen sie nach 400 m hangabwärts im tief eingefurchten Hochtal des Kl. Deffernik.
Der breite, selten begangene Forstweg steigt sofort nach dem Talknick wieder an, umgeht den weit nach Süden vorspringenden Ausläufer des Lackabergs, kreuzt den bekannten Albrechtschachten und quert ins Höllbachtal hinüber. Im *Höllbachgspreng*, das wir von der Höllbachau auf einem Felsensteiglein den Bach abwärts beim Höllbachwasserfall erreichen (245 Min.), sind wir auf Route 28. Von hier dürfen wir noch 40 Min. bis zum Gipfel des Gr. Falkenstein rechnen. (285 Min.). Der Abstieg zum Zwieseler Waldhaus (nach Route 27) nimmt bis zum Kl. Falkenstein 25, der Rest nochmals 50 Min. in Anspruch (360 Min.).
Es sei hier vermerkt, daß der Rückweg zum Zwieseler Waldhaus nicht unbedingt über den Gr. Falkenstein genommen werden muß. Vom Höllbachfall führt auch südlich um den Berg herum ein Weg (Route 30), von der Höllbachau außerdem einer über Sulzschachten – Rukkowitzschachten zum Waldhaus.

30 Zwieseler Waldhaus – Schwarzbachriegel – Gr. Falkenstein und zurück über Ruckowitzschachten

Zwieseler Waldhaus – Schillersteig – Sallerriegel – Schwarzbachriegel – Gr. Falkenstein – Ruckowitzschachten – Zwieseler Waldhaus. (s. Skizze S. 130)

Gehzeit: 4 Std. 10 Min. **Streckenverlauf:** mittelschwer. **Höhenunterschied:** 1250 m. **Erforderlich:** gute Karte, Kompaß, Kondition, Bergausrüstung, Orientierungssinn. **Einkehrmöglichkeit:** Schutzhaus auf dem Falkenstein.
Markierung: bis zum Fuß des Schwarzbachriegels weiße 3 im blauen Grund, dann unmarkiert bis vor Gr. Falkenstein. Rest: grünes Dreieck im weißen Grund.

Der Aufstieg zum Falkenstein über den Schwarzbachriegel ist besonders schön. Er kann bis zur extremen Kletterei gesteigert werden. – Für ihn gibt es zwei Ausgangspunkte: Kreuzstraßl oder das Zwieseler Waldhaus. Wir wählen den letzteren.
Zunächst gehen wir auf der Straße etwa 250 m in Richtung Zwiesel, bis links der *Schillersteig* (weiße 3 im blauen Grund) zum Höllbachgspreng abzweigt. Das für Fahrzeuge gesperrte Teersträßchen geht bald in einen breiten Schotterweg, und dann mit zunehmendem Anstieg in einen groben Ziehweg über, um schließlich zu einem sehr ansprechenden Wanderpfad zu werden. Die anfängliche Eintönigkeit wird schnell von den vielfältigen Reizen des menschenfernen Bergwalds abgelöst. Nach 80 Min. treten wir vom Weg auf die über den Wald aufragenden Felsen des *Sallerriegels* hinaus. Eine uralte, von zahllosen Wintern zum Krüppel geschändete Eibe kontrastiert mit ihren dunklen Nadelblättern herrlich zur hellgrünen Umgebung aus Ebereschen, Buchen und Ahornen. Von der luftigen Plattform geht der Blick über

den buntdurchwirkten Waldteppich, der sich vom Schwarzbachriegel – einem vom Falkenstein südwärts ziehenden Felsgrat – über die Hochschachten bis zum mächtigen Haupt des Rachel spannt und nur hellgrün durchbrochen wird von den Lichtungen Scheuereck, Spiegelhütte und Jungmaierhütte. Diese gewaltige Schau über das Waldland erzwingt ganz von selbst eine kurze Rast.

Schon schauen von links die Felsen des *Schwarzbachriegels* herüber. Um ihren Grat zu erreichen, gehen wir noch bis zum querenden Aufstiegsweg (weiße 2 im blauen Grund), von Kreuzstraßl herauf zum Falkenstein, folgen diesem aufwärts bis zur ersten Kehre und dringen dann ohne Markierung weglos, ein kleines Rinnsal überschreitend, ostwärts (Marschzahl 50) in den von Baumleichen gespickten Hangwald ein. Er macht den Eindruck, als wäre hier schon seit 100 Jahren niemand mehr gegangen.

Manchmal scheint es kein Weiterkommen zu geben, aber immer wieder findet sich ein Durchstieg oder eine Möglichkeit, die Felsen zu umgehen. Schließlich sehen wir rechts über uns eine freie Felsschneise, die wir gefahrlos ersteigen. Der Blick auf der anderen Seite in die schwindelnde Tiefe – in „den Urgrund der Wälder“ – ist noch eindrucksvoller als von den Zinnen des Kl. und Gr. Falkensteins. Jetzt sehen wir auch über die Hochlandschaft der Schachten bis zur blinkenden tschechischen Radarstation auf dem Mittagsberg. Scheuereckberg, Fahnenriegel und Kiesruck erheben sich deutlich aus dem Plateau, und der Rachel steigt nun noch mächtiger aus den Wäldern auf. Ein dürrer Baum, einer riesigen Stimmgabel gleich, ragt silbern glänzend aus der Tiefe herauf. Aus den Ritzen grauer Felsen wächst das Schmielgras. Waldesgrün, rote Beeren, modernde Strünke rahmen das Bild – wohin wir auch schauen. Und tief unter uns drängen sich unzählige Wipfel und Kronen und überspannen wie ein buntes Netz Täler und Berge.

Im Weitersteigen kommen wir auf ein erst kaum wahrnehmbares, später deutlich erkennbares Steiglein, dem

wir uns anvertrauen. Vor einer wuchtigen Felsenburg gabelt es sich (120 Min.). Wir folgen ihm nach rechts, verlassen es aber bald wieder, um über Reischgras an Höhe zu gewinnen. Im Spätsommer glänzen Heidelbeeren schwarz und dick in den Sträuchern. Wir zupfen nach Herzenslust und genießen immer wieder den Blick aus dem wilden, schattigen Osthang des Berges zu den sonnebeschienenen Grenzwäldern.
Schließlich stoßen wir auf den von der Höllbachau (und vom Höllbachgspreng) heraufkommenden Weg (Mark.: grünes Dreieck im weißen Grund). Auf ihm gelangen wir in wenigen Minuten auf den Gipfel des Falkenstein (160 Min.). Dort wird uns an klaren Tagen eine herrliche Sicht zuteil. Sie kann im Süden bis zu den Alpen reichen.
Der Abstieg über den *Ruckowitzschachten* zum *Zwieseler Waldhaus* dauert 90 Min. (Route 29).

31 Grenze von Bayerisch Eisenstein zum Lackaberg

Bayerisch Eisenstein – Deffernikschwelle – Deffernikbrücke – Lackaberg – Gr. Falkenstein – (Ruckowitzschachten) – Zwieseler Waldhaus – Bayerisch Eisenstein. (s. Skizze S. 126)

Gehzeit: 6 Std. 30 Min. **Streckenverlauf:** schwer. **Höhenunterschied:** rund 2000 m. **Erforderlich:** gute Kondition, Besonnenheit, Karte, Kompaß, Bergausrüstung. **Einkehrmöglichkeit:** Falkensteinhaus, Zwieseler Waldhaus.
Markierung: bis Lackaberg Grenzverlauf, dann bis Falkenstein unmarkiert, Abstieg bis Bayer. Eisenstein. Grünes Dreieck im weißen Grund.

Der Aufstieg von Bayerisch Eisenstein entlang der Grenze zum Lackaberg ist ungewöhnlich und einsam. Er hat seine Tücken – hinsichtlich der Grenzwege – und die müssen unbedingt diszipliniert in Kauf genommen werden. Der Weg eignet sich nicht für Gruppenwanderungen.
Gleich gegenüber dem Bahnhof, durch den die Grenze verläuft, am Ende der Ladestraße, steigt der schmale Grenzweg von 730 m Meereshöhe zum Drähberg an. Die weißen Marksteine und die weiß-blauen Ringpfähle bilden die Markierung bis hinauf zum Lackaberg. Ihre Fluchtlinie dürfen wir zu keiner Zeit überschreiten. Dies ist nicht ganz einfach.
Schnell verstummt der Motorenlärm von Eisenstein, die Weite und Stille der Grenzwälder nimmt uns auf. Humus, Gras, Moos, Wurzeln und Felsblöcke – und der Wald sind wie Boden und Wände eines grünen Tunnels. Mit Grenzstein 4/1 haben wir nach 30 Min. die erste Höhe erreicht. Über einen Kahlschlag hinweg bietet sich ein imposanter Blick auf die Berge, Täler und Schluchten im und um das Tal des Gr. Deffernik. Wie geraffte

Vorhänge erscheinen die Wälder, die das Tal des Flusses mit seinen Verästelungen verbrämen. Wie die Kulissen einer meisterlich gestalteten Bühne steigen die dunklen Berge auf – ein Blick, wie ich ihn im ganzen Bayerischen Wald nicht beeindruckender gesehen habe.
Immer steiler geht es nun hinunter zu den rauschenden Wassern des *Deffernik* (50 Min.). Wir sehen die Lichtung, wo einst Ferdinandsthal stand und finden – etwas abgesetzt von der Grenze – den Schwellteich und eine Brücke. Jenseits des Baches führt uns ein Steiglein bei Stein 5 wieder zur Grenze, die jetzt zügig ansteigt. Mit Stein 5/7 ist erneut die Höhe erreicht. Nach 65 Min. begleitet uns rechter Hand der zum Asphaltsträßchen ausgebaute Grenzweg bis zur *Deffernikbrücke* (90 Min.), wo der Bach seinen kurzen Ausflug von kaum 2 km nach Böhmen beginnt. Nach der Brücke, bei der wir übrigens eine Fischleiter beobachten können, heißt es aufpassen. Die Grenze steigt sehr steil an, und der Grenzweg liegt nun ganz auf tschechischer Seite. Mag er noch so sehr locken, wir müssen uns mühsam rechts der Pfähle emporarbeiten bis zum Stein 6/2. Danach ändert sich die Landschaft. Wo der Grenzverlauf langsam nach Südosten schwenkt, überschreiten wir zahlreiche Wasserläufe, die aus dem böhmischen Schloßwald kommen. Und wieder läuft auf weite Distanz der Grenzweg auf böhmischer Seite. Wir dürfen ihn nicht benützen, selbst wenn wir dadurch Zeit verlieren. Der hochstämmige, felsendurchsetzte Wald erlaubt den Aufstieg auch ohne Weg. Wo der Grenzweg dann wieder auf bayerische Seite übergeht, wird er zum grasigen Bergpfad und zieht zügig hinauf zum *Lackaberg* (1337 m – 180 Min.), dessen grasige Gipfellichtung den Ausstieg aus dem „grünen Tunnel“ bedeutet.
Immer noch umgeben uns Stille und Einsamkeit – und einsam zieht die Grenze weiter durch die Wälder gegen Rachel und Lusen (Routen 29, 32, 33).
Wir nehmen jetzt einen schneisenähnlichen, unmarkierten Weg (Marschzahl 22), der moorig und grasig hin-

überführt zum *Gr. Falkenstein.* Er mündet nach 35 Min. in den nördlichen Hauptwanderweg, der vom Ruckowitzschachten kommt und uns die Möglichkeit bietet, ohne nennenswerte Steigung zum Falkenstein zu gelangen (225 Min.), oder gleich rechts zum Ruckowitzschachten abzusteigen (235 Min.). (Dieser wäre vom Lackaberg auch direkt über den Lackabergweg, Marschzahl 17, zu erreichen.)
Das grüne Dreieck führt uns über das Zwieseler Waldhaus (300 Min.), die Deffernikbrücke, den Watzlikhain bis Bayerisch Eisenstein (390 Min, Route 29).

Es sei hier darauf hingewiesen, daß von guten Gehern Route 31 mit den Routen 33 und 34 zu einer *Grenzwanderung von Bayerisch Eisenstein bis zum Verlorenen Schachten* vereinigt werden kann. Dadurch werden die Anmarschzeiten vom Tal gespart. Die ganze Strecke läßt sich einschließlich Abstieg nach Buchenau oder zur Bahnstation Frauenau *in rund 10 Stunden* bewältigen. Diese Kombination ist auch für Biwakwanderer interessant.

Die Hochschachten – weltfern und schön

Das weite Gebiet zwischen Falkenstein und Rachel verdient besondere Beachtung. Tiefe Wälder, zahlreiche Moore und Filze und die unvergleichlichen, grünen Schachten – ehemalige Bergweiden – machen es zu einem Reservat für all jene, die die Weite und Stille und trotzdem das Abenteuerliche suchen.
Es ist unverständlich, daß die beiden Hauptwanderwege zwischen Falkenstein und Rachel nur auf Forststraßen eintönig durch die Landschaft ziehen, während die in Grenznähe liegenden, schönsten Gründe nur von einem unmarkierten, grasigen Waldpfad berührt werden.
Vielleicht ist es auch gut so – denn damit ist für die anspruchsvollen Waldgeher ein Stück Wildnis übriggeblieben, die zwar jahrhundertelang Weideland war, heute aber zu den einsamsten Gegenden des Gebirges zählt, und für viele sogar unbekanntes Neuland sein dürfte.
Trotz meist fehlender Markierung ist ein Verirren in den Wäldern nicht möglich. Mit Karte und Kompaß gelingt alles, und die deutlich markierte Landesgrenze ist im Notfall der beste Wegweiser.

Folgende Routen durch, bzw. in das Gebiet der Hochschachten seien hier herausgestellt:

1. Ein Übergang vom Falkenstein zum Rachel an Stelle der beiden zum Hauptwanderweg erklärten Forststraßen (Route 32)
2. Grenzweg vom Lackaberg zum Distelruck (Route 33)
3. Grenzweg vom Distelruck zum Verlorenen Schachten (Route 34)
4. Eine Tagestour über die bekanntesten Schachten mit Ausgang und Ziel in Buchenau (Route 35)
5. Eine Rundwanderung von Buchenau über Kiesruck – Schachtenhaus zur Grenze und zurück (Route 36)

6. Eine Rundwanderung von Spiegelhütte über Scheuereckberg – Schachtenhaus – Kiesruck und zurück (Route 37)

Dazu ist zu sagen, daß für Wanderer, die auf eine feste Unterkunft angewiesen sind, sich nur noch Buchenau anbietet. Die Hirtenhütten auf den Schachten sind verfallen oder erneuert und verschlossen, das Waldschmidthaus auf dem Rachel ist nur noch an bestimmten Tagen geöffnet, und das Lusenschutzhaus macht ebenfalls zunehmend Schwierigkeiten, wenn Wanderer übernachten wollen. Ein Ausweichen in die Talorte kostet aber viel Zeit. Biwakwanderer haben deshalb den anderen in diesem Gebiet viel voraus.

32 Falkenstein – Hochschachten – Rachel

Gr. Falkenstein – Höllbachau – Rindelschachten – Böhmweg – Grenzverlauf (Dreilinienmoos – Grenzmoos – Distelruck) – Hirschbachschwelle – Kohlschachten – Latschensee – Großer Schachten – Alm – Verlorener Schachten – Grenzweg zum Rachel. (s. Skizze S. 144)

Gehzeit: 7 Std. 45 Min. **Streckenverlauf:** schwer. **Höhenunterschied:** rund 1200 m. **Erforderlich:** gute Kondition, Karte, Kompaß, Bergausrüstung. Keine Einkehrmöglichkeit unterwegs!
Markierung: bis vor Rindelschachten grünes Dreieck im weißen Grund, dann unmarkiert oder Grenzverlauf.

Wir steigen vom Falkenstein zunächst mit grünem Dreieck im weißen Grund ab in Richtung Höllbachgspreng, lassen das Naturschutzgebiet jedoch rechts unter uns liegen und gehen auf dem breiten Fahrweg etwa 500 m weiter in die *Höllbachau.* Dort folgen wir in scharfem Knick der Forststraße bis in das tief eingesägte Hochtal des Kl. Deffernik. So eintönig wie diese Straße würde jetzt unser Wanderweg verlaufen bis zum Fuß des Rachel. Wir verlassen daher nach der Deffernik-Brücke mit Marschzahl 50 die markierte Straße und treffen schon nach 400 m auf den herrlichen *Rindelschachten* (90 Min., Route 29).
Jetzt folgen wir ohne Markierung dem Fahrweg erst 1 km nach Osten, dann 1 km nach Süden und treffen auf den *Böhmweg,* auf dem wir nach weiteren 1½ km ostwärts die Grenze erreichen (135 Min.). Es ist ein menschenleeres, scheinbar totes Gebiet, aber wir befinden uns auf historischem Boden. Der Böhmweg ist der alte Gunthersteig, der schon gleich nach der Jahrtausendwende vom hl. Gunther und seinen Mönchen

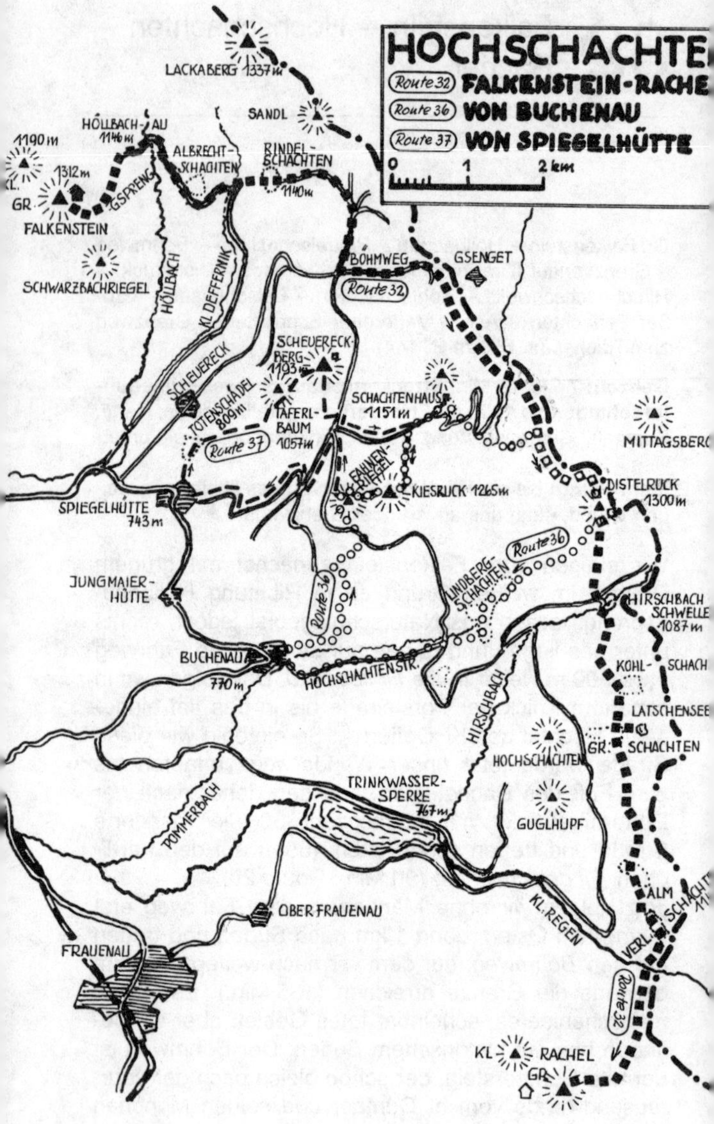
HOCHSCHACHTE
Route 32 FALKENSTEIN-RACHE
Route 36 VON BUCHENAU
Route 37 VON SPIEGELHÜTTE
0 1 2 km
LACKABERG 1337 m
SANDL
HÖLLBACH-AU 1146 m
1190 m
KL.
1312 m
GR.
FALKENSTEIN
GSPRENG
ALBRECHT-SCHACHTEN
RINDEL-SCHACHTEN 1140 m
SCHWARZBACHRIEGEL
HÖLLBACH
KL. DEFFERNIK
BÖHMWEG
Route 32
GSENGET
SCHEUERECK
SCHEUERECK-BERG 1193 m
TOTENSCHÄDEL 809 m
TAFERL-BAUM 1057 m
SCHACHTENHAUS 1151 m
MITTAGSBERG
Route 37
FAHNEN-RIEGEL
KIESRUCK 1265 m
DISTELRUCK 1300 m
SPIEGELHÜTTE 743 m
Route 36
LINDBERG-SCHACHTEN
JUNGMAIER-HÜTTE
Route 36
HIRSCHBACH SCHWELLE 1087 m
BUCHENAU 770 m
HOCHSCHACHTENSTR.
KOHL-
SCHACH
HIRSCHBACH
LATSCHENSEE
GR. SCHACHTEN
HOCHSCHACHTEN
TRINKWASSER-SPERRE 767 m
GUGLHUPF
POMMERBACH
ALM
KL. REGEN
VERL. SCHACHTEN
OBER FRAUENAU
FRAUENAU
Route 32
KL.
RACHEL
GR.

Schwimmende Inseln im Kl. Arbersee
(Routen 14, 15, 19 und „Hohe Route“)

Gr. Arbersee
(Route 16 und „Hohe Route“)

geschlagen wurde und über Gsenget, Steindlberg hinüberführte nach Stubenbach, Gutwasser und Schüttenhofen.
Als thüringischer Edelmann mit ritterlicher Erziehung wurde Gunther ums Jahr 1000 Mönch, gründete das Kloster Rinchnach und brachte es bis zum Berater des Kaisers. Wiederholt vermittelte er zwischen Ost und West. 90jährig starb er in Böhmen und fand in Prag die letzte Ruhe.
Der idyllische Wiesenfleck an der vom Mahrbach markierten Grenze bietet sich an zur Rast. Danach wandern wir weiter neben murmelnden Wassern, auf weichem Moorboden, immer der Grenze entlang, durchschreiten das Dreilinien- und das Grenzmoos, kommen bald durch Latschen, bald durch tiefen Wald. Wo nach langer, abwechslungsreicher Wanderung die Grenze plötzlich scharf nach Osten abschwenkt, haben wir den *Distelruck* erreicht (235 Min.), eine einsame Wald- und Moorgegend.
(Wenn wir in Buchenau übernachten wollen, so ist hier der günstige Punkt, um auf gut gangbaren Wegen südwestwärts über den Strittigen Filz abzuschwenken – bei Grenzstein 15/8! – zu einem nach Süden ziehenden freien Hang – dem Lindbergschachten –, von dem schließlich der Wanderweg – 6a auf blauem Grund – über eine Forststraße ins Tal nach Buchenau führt (325 Min.). Auf jeden Fall sollten wir aber am nächsten Tag wieder hinaufsteigen bis zur Hirschbachschwelle und von dort die Route fortsetzen.)
Vom Distelruck gehen wir mit Marschzahl 31 direkt durch hochgrasigen Wald gut 1000 m weit bergab nach Süden. 200 m tiefer kommen wir auf eine west-östlich verlaufende Forststraße. Wo sie nach 200 m endet, liegt der klare Bergsee der *Hirschbachschwelle* (275 Min.).
Nur das verhaltene Rauschen des Bächleins, das Raunen des Waldes und ferne Vogelstimmen untermalen die absolute Stille. Das Lichterspiel der Sonne breitet einen sonntäglichen Frieden über Wald und Wasser.

Wieder ein Plätzchen zum Ausruhen, ein kleines Paradies für Wanderer!
Von der Sitzgruppe führt jetzt ein angenehmer Pfad bergwärts. Wir folgen ihm etwa 1000 m weit bis zu einer ganz leicht ausgeprägten Kuppe (1160 m) und nehmen dort einen kreuzenden, ziemlich verwachsenen Weg ostwärts. Wo er den Wald verläßt, sehen wir rechts schon die freie Blöße des *Kohlschachtens* (320 Min.).
Es ist wohl die zur Zeit schönste aller ehemaligen Bergweiden. Im verwilderten Gras liegen Hunderte von silbergrauen Bäumen, die manchmal aussehen wie abgeworfene Hirschgeweihe. Mit etwas Phantasie entdecken wir immer wieder neue, noch schönere Gestalten. Es sind die gefallenen Bergahorne, die einst den Herden Unterstand gewährten und Schatten spendeten. Die Ära der Bergweidewirtschaft – einst ein unentbehrlicher Erwerbszweig der Waldler, heute unrentabel – gehört der Vergangenheit an.
Jetzt führt ein schöner Wanderweg – nur bis zum Großen Schachten mit weißer 6 im blauen Grund markiert – nach Süden weiter. Über eine Bohlenbrücke überwinden wir ein Naßgebiet mit kümmerndem Baumwuchs. Nach 300 m öffnet sich der „Große Schachten" vor uns. Aber bevor wir auf die Lichtung hinaustreten, gehen wir zuerst über eine weitere Holzbrücke etwa 250 m weit links hinein in ein rotbraunes, schwappendes Moor, zum *„Latschensee"*. Viele hundert Krüppelföhren (Latschen) umgeben ihn. Da ist ein Hochmoor im Werden, wie es im Bayerischen Wald schon viele gibt. Vor Jahrtausenden noch ein großer See – heute schon zugewachsen bis auf einen kleinen Tümpel – eine besondere Sehenswürdigkeit! In wenigen Jahrhunderten werden sich die Wurzeln der Pflanzen zu einem dichten Geflecht vereinigt und auch die letzte Wasserfläche noch überdeckt haben. Im Frühherbst, wenn die Fröste den Teppich aus Heidelbeerkräutern schon rosarot gefärt haben, aber die Beeren noch blau im Laub hängen, ist das Moor um den Latschensee von einem unvorstellbaren Zauber.
Auch der gleich anschließende *Große Schachten*

(345 Min.) ist als weite Hanglichtung sehr schön, doch fehlen ihm die gefallenen Bäume fast ganz. Von hier verläuft ein unmarkierter Pfad leicht bergwärts weiter zum *Alm-Schachten* (385 Min.). Dort sind leider die baufälligen Hirtenhütten nun vollständig abgetragen. Dafür hat die Naturparkverwaltung eine Unterstellhütte errichtet, die von der einstigen Romantik nichts mehr mitbekommen hat. Die vielen malerischen Baumveteranen und der herrliche Blick zum Arber und zum Rachel sind dem Alm-Schachten aber Gott sei Dank nicht zu nehmen.

Auf dem *Verlorenen Schachten*, den wir nach weiteren 15 Min. erreichen (400 Min.), ging 1976 die alte Hirtenhütte auch den Weg alles Irdischen. Die Waldvereinssektion Frauenau hat an ihrer Stelle eine wunderschöne neue Hütte errichtet. Sie steht normalerweise nur für Sektionsangehörige offen. – So hat für den fremden Waldgeher der romantische Verlorene Schachten durch den Neubau nicht gewonnen, sondern eher verloren. Es fühlt sich nicht mehr allein und frei, sondern nur noch geduldet.

Vom Verlorenen Schachten zum *Rachel* gibt es zwei Routen: Die eine führt über den Judenweg zunächst hinunter in das Tal des Kl. Regen und folgt dann dem Hauptwanderweg, mit grünem Dreieck im weißen Grund, der sich schmal und romantisch durch die Nordflanke des Berges zur Rachelwiese und zum Rachel emporwindet – ein herrlicher Aufstieg! (Route 38). Die andere, nicht alltägliche, aber viel nähere, ist der Grenzweg. Er überschreitet nach 300 m in 1080 m Höhe den Kl. Regen, der vom böhmischen Judenwald kommt, steigt dann etwa 800 m weit zügig an, bis die Grenze in 1180 m, bei einem verlassenen Wachhäuschen, scharf nach Südosten schwenkt. Von hier zieht mit Marschzahl 28 ein wenig begangener Trampelpfad quer durch den Hochwald aufwärts. Er trifft nach 600 m und in 1280 m Höhe, zwischen Kapelle und Rachel, auf den Hauptwanderweg. Nach weiteren 1000 m stehen wir auf dem Gipfel (465 Min.).

Übernachtung im Waldschmidthaus auf dem Rachel ist nur nach fernmündlicher Zusicherung gewährleistet, meistens aber unmöglich.

33 Grenze vom Lackaberg zum Distelruck

Buchenau – Sandel – Gsenget – Dreilinienmoos – Grenzmoos – Gfälleiruck – Distelruck – Strittiger Filz – Lindbergschachten – Buchenau. (s. Skizze S. 150)

Gehzeit: 5 Std. 50 Min. **Streckenverlauf:** schwer. **Höhenunterschied:** rund 1500 m. **Erforderlich:** gute Kondition, Karte, Kompaß, Bergausrüstung. Keine Einkehrmöglichkeit.
Markierung: Grenzverlauf, sonst keine für uns brauchbare Markierung.

Für Biwaktouristen und solche, die auf dem Falkenstein übernachten wollen, bildet diese Grenzstrecke das Mittelstück einer 8–10stündigen Wanderung von *Bayerisch Eisenstein* entlang der Grenze bis zum *Verlorenen Schachten* (Route 31, 34). Aber auch als Tagestour von Buchenau aus ist sie von großem Reiz. In diesem Fall sparen wir das 2 km lange, wilde und morastige Grenzstück vom Lackaberg über den Sandel bis zum Sandbach, das auf schmalem, oft grundlosem Steiglein zu begehen ist, aus. Wir nehmen von *Buchenau* die in ständiger Steigung nach Norden ziehende Forststraße, ohne die Markierungen und Abzweigungen zu beachten, bis sie in der Nähe des Sandel endet.
Zunächst leitet uns zwar die Markierung „grünes Dreieck" der westlichen Führe des Hauptwanderwegs. Sie biegt aber schon nach 15 Min. ab nach Spiegelhütte. Mit 30 Min. zweigt rechts die Steinschachtenstraße ab und nach 40 Min. erreichen wir in 1000 m Höhe ein Wegkreuz, von dem aus wir Spiegelhütte, Hochplattel und Fahnenriegel erreichen könnten. Wir steigen indes weiter bergauf nach Norden durch einsamen Wald zum *Wildscheuereck,* queren nach 50 Min. die östliche Führe des Hauptwanderwegs (zum Falkenstein und Lacka-

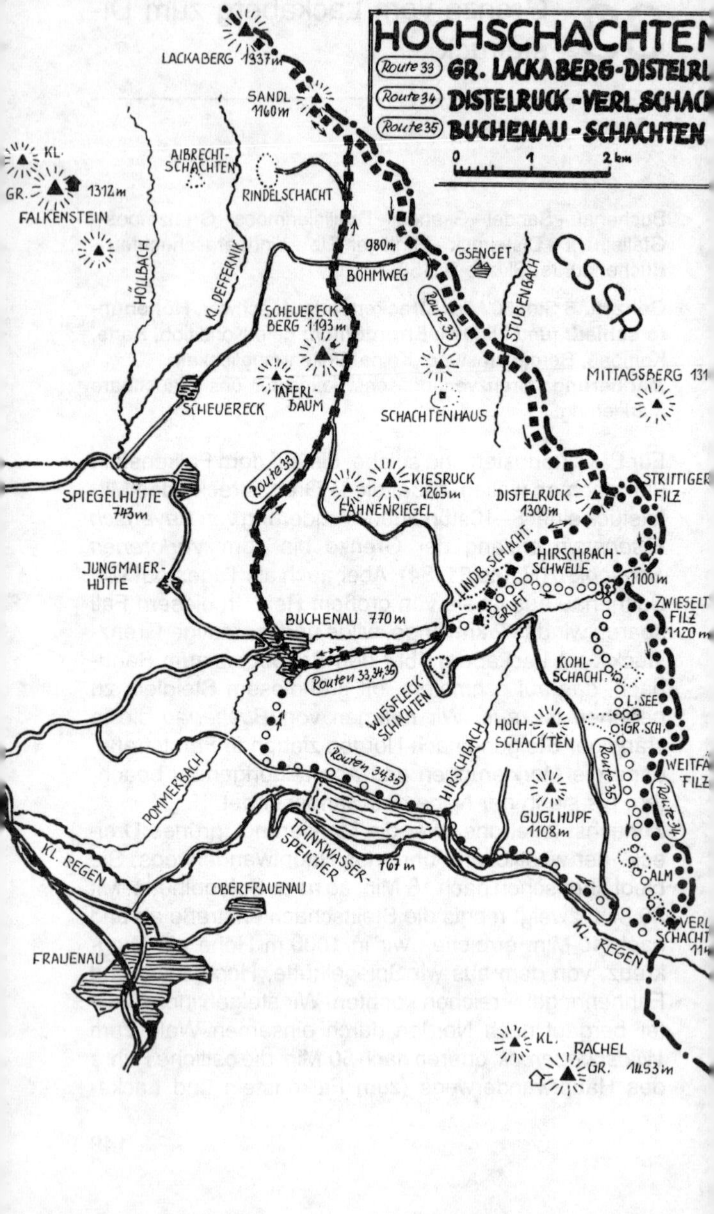
HOCHSCHACHTEN
Route 33 GR. LACKABERG-DISTELRUCK
Route 34 DISTELRUCK-VERL.SCHACHT
Route 35 BUCHENAU-SCHACHTEN
0 1 2 km
LACKABERG 1337m
SANDL 1160m
KL.
GR.
1312m
FALKENSTEIN
ALBRECHT-SCHACHTEN
RINDELSCHACHT
980m
GSENGET
CSSR
BÖHMWEG
HÖLLBACH
KL. DEFFERNIK
STUBENBACH
SCHEUERECK-BERG 1193m
Route 33
TAFERL-BAUM
SCHEUERECK
SCHACHTENHAUS
MITTAGSBERG 131
SPIEGELHÜTTE 743m
Route 33
KIESRUCK 1265m
FAHNENRIEGEL
DISTELRUCK 1300m
STRITTIGER FILZ
LINDB. SCHACHT.
HIRSCHBACH-SCHWELLE
1100m
JUNGMAIER-HÜTTE
GRUFT
ZWIESELT FILZ 1120m
BUCHENAU 770m
KOHL-SCHACHT.
Routen 33,34,35
WIESFLECK-SCHACHTEN
L. SEE
HOCH-SCHACHTEN
GR. SCH.
Route 35
WEITFÄ FILZ
Routen 34,35
HIRSCHBACH
POMMERBACH
GUGLHUPF 1108m
Route 34
TRINKWASSER-SPEICHER
767m
KL. REGEN
ALM
OBERFRAUENAU
VERL SCHACHT 114
KL. REGEN
FRAUENAU
KL.
RACHEL
GR. 1453m

berg müßten wir ihm nach links folgen!) und ziehen östlich des Scheuereckbergs unbeirrt weiter. Plötzlich haben wir einen freien Blick zu den böhmischen Wüstungen Steindlberg und Gsenget, über die einst der Gunthersteig führte.
Wir überschreiten diesen mittelalterlichen Handelsweg nach 80 Min. in völliger Waldeinsamkeit. – Ab jetzt wird unsere „Straße" immer dürftiger. Aber obwohl sie selbst fast als Waldweg kaum mehr zu erkennen ist, folgen wir ihr dennoch, bis wir rechts von uns in einem engen Tal Wasser rauschen hören. Es kommt vom Sandel herunter. Noch ein paar Schritte durch den Wald und wir sind auf dem Grenzweg (105 Min.) (Um den *Lackaberg* zu erreichen, müßten wir ihm über den *Sandel* 40 Min. aufwärts folgen.) Er ist ein unscheinbares, manchmal sehr morastiges Steiglein, rechts des Baches, der klar und in natürlicher Anmut zu Tal rauscht und von diesseits und jenseits der Grenze die Wasser sammelt – aber nicht immer die Grenze bildet. Wir folgen nun seinen Sprüngen abwärts und kommen nach 145 Min. an die Stelle, wo sich drüben die Hanglichtung von *Gsenget* breitet und wo einst der Gunthersteig nach Böhmen eintrat (Route 32). Nach weiteren 10 Min. gehen wir auf einer 70 m landeinwärts errichteten Brücke über den Gr. Filzbach, kommen zu einem schönen, alten Grenzstein und steigen bergauf in den Wald. Der Grenzweg verläuft nun häufig auf tschechischer Seite, und bald geht es unübersichtlich durch dunklen Wald. Es kommt darauf an, daß wir immer auf westlicher Seite bleiben. Im *Dreilinienmoos* müssen wir erneut einen von der Alten Schwelle kommenden Bach über eine landeinwärts abgesetzte Brücke überschreiten (185 Min.). Dann steigt die Grenze über nahezu 200 m an zum *Gfälleiruck,* wo sich uns eine gute Aussicht bietet zum nahen Mittagsberg mit der tschechischen Radarstation sowie auf Steindlberg, Falkenstein und Arber. Wir queren anschließend ein enges Tal mit einem vom Enzianfilz herunterrauschenden Wildwasser – das dem Stuben-

bach und damit der Moldau zustrebt – und steigen steil zum *Distelruck* (1300 m) hinauf (250 Min.).
Nicht weniger ansprechend als der Aufstieg ist nun der Abstieg nach Buchenau. Einsam zieht der grasige Weg vom Grenzstein 15/8 durch die Bergregion um den *Strittigen Filz,* senkt sich allmählich ab zum großartigen *Lindbergschachten,* der prächtige Blicke zum Rachel freigibt, und mündet schließlich über dem Wiesfleckriegel in die Hochschachtenstraße, die uns nach 350 Min. wieder nach Buchenau bringt.

34 Grenze vom Distelruck zum Verlorenen Schachten

Buchenau – Lindbergschachten – Distelruck – Strittiger Filz– Hirschbachgspreng – Zwieselter Filz – Hintere und Vordere Sulz – Weitfäller Filz – Schachtenfilz – Verlorener Schachten – Judenweg – Hirschbach (Trinkwasserspeicher) – Buchenau. (s. Skizze S. 150)

Gehzeit: 6 Std. 10 Min. **Streckenverlauf:** schwer. **Höhenunterschied:** rund 1200 m. **Erforderlich:** gute Kondition, Karte, Kompaß, Bergausrüstung. Keine Einkehrmöglichkeit.
Markierung: Grenzverlauf, sonst keine für uns hilfreiche Markierung.

Für Biwakwanderer ist diese hochinteressante Grenzstrecke die dritte Etappe einer Grenzwanderung von Bayerisch Eisenstein bis zum Verlorenen Schachten. Aber auch als Tagestour ist sie von Buchenau gut zu begehen. – Wir steigen auf der für den allgemeinen Verkehr gesperrten Hochschachtenstraße und über einen anschließenden Weg (Markierung: weiße 6a im blauen Grund) hinauf zum *Lindbergschachten* (60 Min.) und durchwandern ihn ohne Markierung bis zum nördlichen Ende (75 Min.). Dabei bieten sich großartige Ausblicke zum Rachel und zahllose Motive mit abgestorbenen und gestürzten Bergahornen. Darüber hinaus gilt der Lindbergschachten im September als Paradies für Heidelbeerpflücker.
Wenn wir dem grasigen Weg nach Nordosten (Marschzahl 54) folgen, gibt es auch ohne Markierung kein Verirren. Nach etwa 100 Min. haben wir die Höhe von 1300 m erreicht und kommen gleich dahinter zum Enzianfilz – einem Hochmoor, das sich wie ein vollgesaugter Schwamm auf dem Bergmassiv des *Distelruck* zwischen schütterem Wald ausbreitet. Beim Stein 15/8

(110 Min.) erreichen wir die Grenze. Sie ist nicht zu übersehen. Der Grenzweg auf dem *Strittigen Filz* gleicht einer einsamen Promenade, bis er bei einem ehemaligen Wegkreuz (Stein 16/1) nach 120 Min. rechtwinklig nach Südosten abschwenkt.
Jetzt geht es hinunter ins wilde *Hirschbachgspreng.* Felsen, Morast, Moos und grüner Wald kleiden ein wunderschönes, einsames Gebirgstälchen aus, durch das in zahllosen Windungen, Verästelungen, Sprüngen und Prellen die glasklaren Wasser des Hirschbachs rauschen und murmeln. Sie sind nicht immer die Grenze, fließen bald herüben, bald drüben. Es gilt also, auf die Grenzmarkierung zu achten. Nach 135 Min. bleibt der Bach in einiger Entfernung jenseits der Grenze. Sie zieht jetzt durch trockenen Wald. Grün und romantisch, weich und moosig ist der Weg, bis nach 155 Min. die Grenze von einer Brücke über den Hirschbach zum nahezu grundlosen *Zwieselten Filz* ansteigt. Nur wenige Meter rechts unter uns ruht der kleine Bergsee der Hirschbachschwelle.
Gute Bergschuhe sind erforderlich, um das braune, von unzähligen Rinnsalen durchströmte, latschenbewachsene Moor zu durchschreiten. Der tschechische Ahornbach sammelt hier die Wasser aus Kohlschachten, Hinterer Sulz, Latschenfilz und Schluttergasse – ein interessantes Wassergebiet, das noch völlig unberührt ist vom Menschen. Nach seiner Querung (175 Min.) steigt der Weg leicht an. 20 Min. später kommen wir an der großen Grenzlichtung der *Vorderen Sulz* vorbei.
Jetzt wird der Grenzverlauf unruhig. Die breite Schneise fehlt vielfach, der Grenzweg verläuft meist auf tschechischer Seite. Wir müssen diesseits der Steine und Fluchtstäbe bleiben! – Ab Grenzstein 20 (225 Min.) wird es wieder naß. Links unten – hinter Bäumen kaum zu sehen – dehnt sich die moorige baumlose Hochfläche des *Weitfäller Filzes.* Durch romantische Wälder, zuletzt noch moorig und von unzähligen Wässerchen durchflossen (*Schachtenfilz!),* nähern wir uns dem *Verlorenen Schachten,* den wir bei Stein 22/4 betreten (240 Min.).

Vor uns steigt schon walddunkel der Rachel empor (Route 32). Über die mit Reischgras bedeckte Lichtung an liegenden Bäumen vorbei, kommen wir zum Rastplatz vor dem Hütterl der WVS Frauenau (250 Min.). Wir gehen jetzt den Schachtenweg südwärts zum *Judenweg.* Dieser bringt uns nach zweimaliger Querung von Straßen zum verlassenen Forsthaus Schachten (280 Min.). Wir bleiben auf dem rechten Regenufer und erreichen nach einer halben Stunde *Hirschbach.* Eine Überraschung: Die Häuschen von Hirschbach sind nicht mehr. Das ganze, weite Tal war seit Jahren schon eine riesige Baustelle. Tausende von Bäumen mit ihren Strünken wurden entfernt, ungeheuere Mengen Erdreich und Steine verfrachtet und neu geschüttet. Hier im Tal des Kl. Regen entstand – während dieses Buch geschrieben wurde – der Trinkwasserspeicher von Frauenau. Der künstliche Waldsee ist 2 km lang, fast 1 km breit und 100 m tief. Er hat den höchsten, naturgeschütteten Damm Deutschlands und soll ab 1982 in die Trinkwasserversorgung Bayerns eingebunden werden. 36 qkm unberührter Wald beiderseits der Grenze mit natürlichen, reinen Quellen versorgen ihn mit Wasser.

35 Buchenau – Hochschachten und zurück

Buchenau – Lindbergschachten – Gruft – Hirschbachschwelle – Kohlschachten – Latschensee – Großer Schachten – Alm-Schachten – Verlorener Schachten – Judenweg – Hirschbach – Buchenau. (s. Skizze S. 150)

Gehzeit: 6 Std. **Streckenverlauf:** mittelschwer. **Höhenunterschied:** rund 1200 m. **Erforderlich:** gute Kondition, Karte, Kompaß, Bergausrüstung. Keine Einkehrmöglichkeit. **Markierung:** keine für uns hilfreiche Markierung.

Zwischen Wirtshaus und Schloß – in dem übrigens die bekannte Kochbuchautorin Erna Horn lebte – führt die für den allgemeinen Verkehr gesperrte Hochschachtenstraße unmarkiert steil bergwärts. Immer höher wachsen vor uns die Waldgrate in den Himmel. 400 m Höhenunterschied sind zu überwinden. Links aus dem Waldtal hören wir das Rauschen des Pommerbachs. – Wo nach 2½ km die Straße in einer Spitzkehre rechts abbiegt, um den Wiesfleckriegel zu umgehen (Hauptwanderweg!), führt ein Fußweg steil hinauf zum *Lindbergschachten,* einem waldfreien Rücken, der prächtige Ausblicke zum Rachel zuläßt (60 Min.).
Jetzt Vorsicht! Ein markierter Weg, der sich in Serpentinen wieder hinunterwindet ins Tal, ist nur ein Abkürzer für den Hauptwanderweg. Unser Weg ist unmarkiert und quert einige Schritte links daneben, immer annähernd auf gleicher Höhe bleibend, in den steilen Hang hinein. 1000 m weiter, nach Überschreiten einiger Rinnsale (in der *Gruft),* treffen wir in 1100 m Höhe auf eine Forststraße, die nach weiteren 800 m an der *Hirschbachschwelle* endet (100 Min.). Sprudelndes Bergwasser, Einsamkeit und eine schattige Sitzgelegenheit laden am Seeufer ein zur Rast.

Ein Weiterweg bis zum *Verlorenen Schachten* (225 Min.) ist in Route 32 beschrieben.
Ob wir vom Verlorenen Schachten den Grenzweg gehen oder weiter den Weg, den wir kamen, immer treffen wir nach etwa 300 m auf den sogenannten Judenweg, der von der Grenze her zum unbewohnten Forsthaus Schachten hinunterzieht. Die Forststraße, die er quert, ist der Hauptwanderweg. Hier – jenseits des Kl. Regen – beginnt der schönste Rachelanstieg. – Wir überschreiten aber den Bach nicht, sondern folgen ihm auf seinem rechten Ufer bis zum einstigen Dorf *Hirschbach,* wo heute sich der Trinkwasserspeicher von Frauenau zwischen den Wäldern breitet (290 Min.).
Während wir auf der nördlichen, asphaltierten Uferstraße talauswärts gehen, genießen wir die Spiegelung des Rachelwaldes in der weiten Wasserfläche. – Wo das Regental sich weit öffnet, biegen wir nach Norden ab, um zuletzt über eine alte Schloßallee mit mächtigen Buchen und Eschen, den Ausgangspunkt zu erreichen (360 Min.).
Der ehemalige Glashütten- und Schloßherr von Buchenau – Ferdinand von Poschinger – trug die ersten Skier in dieser Gegend. Von hier begann der Ski seinen Siegeszug über weite Teile Bayerns.

36 Buchenau – Kiesruck – Distelruck und zurück über Lindbergschachten

Buchenau – Fahnenriegel – Kiesruck – Schachtenhaus – Alte Schwelle – Grenze – Distelruck – Strittiger Filz – Lindbergschachten – Buchenau. (s. Skizze S. 144)

Gehzeit: 5 Std. **Streckenverlauf:** mittelschwer. **Höhenunterschied:** 1630 m. **Erforderlich:** gute Kondition, Orientierungssinn, Unternehmungslust, Karte, Kompaß, Bergausrüstung. Keine Einkehrmöglichkeit.
Nicht markiert.

Ein Leckerbissen für Wanderer, die die Einsamkeit lieben und doch Entdeckerdrang in sich fühlen, ist die folgende Tour.
Wir nehmen Buchenau – von Zwiesel zu erreichen – als Ausgangspunkt. Vom Wanderparkplatz führt ein Fahrweg etwa 200 m den Pommerbach aufwärts zu zwei Häusern. Dahinter geht es ohne Markierung grasig weiter. Bei der Weggabelung bleiben wir am unteren Weg in Nähe des Baches, dessen Rauschen uns begleitet. Wo es leiser wird, kommen wir an eine Futterstelle (Häuschen) und steigen zu einer nahen Straße hinauf. Sie quert gleich ein Bächlein, das aus der Fallinie des Fahnenriegels kommt. Wir folgen dem sehr romantischen Weg am östlichen Ufer aufwärts. Er wird zum schönen Erlebnis: Unter uns rauschende, springende Wasser, um uns einsamer, von Vogelstimmen erfüllter Buchenwald.
Nach 40 Min. überschreiten wir den Bach. Ein Weg kommt von links herauf, wir folgen ihm, so daß nun der Wasserlauf rechts bleibt. Nach 100 m holt er in einer Serpentine links aus und mündet in einen wieder von

unten kommenden, breiten Fahrweg. Dieser führt uns nach 50 m zu einer Straße mit der Markierung „weiße 2 im roten Grund". Noch bevor sie in enger Kurve den Bach überschreitet, windet sich wieder links ein Weg empor. Wir benützen ihn nur die ersten 70 m und steigen dann weglos auf Trittspuren durch den lichten Wald aufwärts (Marschzahl 27). Nach 200 m überschreiten wir einen alten Querweg, nach weiteren 100 m in gleicher Richtung kommen wir über einen gut gangbaren Kahlschlag, zu einer Straße, die Hauptwanderweg mit dem grünen Dreieck im weißen Grund ist (60 Min.). Auf ihr gehen wir 100 m links bis zur Kurve und nehmen einen Fahrweg rechts empor. Er endet schon bald. Aber wir steigen unbeirrt halbrechts aufwärts (Marschzahl 5) durch den Wald. Bald darauf stehen wir unmittelbar unter dem *Fahnenriegel,* umgehen die mächtigen Felsen links, finden bald einen guten Durchstieg und steigen über einen grasbewachsenen Bergrücken mit licht stehenden Bäumen (zuletzt in einer Art Schneise) weiter hinauf zu den wuchtigen Felsen des 1265 m hohen *Kiesruck* (95 Min.). Sie sind vor dem Felsentor, durch das der Weg führt, zu besteigen und bieten eine begrenzte Sicht zu Arber und Steindlberg. Hinter der Felsenburg (Trigonometrischer Punkt) breitet sich eine schöne Berglichtung aus, die sich wie ein Schloßhof ausnimmt. Die Ruhe auf diesem Berg ist märchenhaft.
An der nordöstlichen Ecke der Lichtung zieht, erst als Fußpfad, später als Fahrweg der Steig zum Schachtenhaus nach Norden abwärts. Nach 20 Min. kommen wir an einer Bretterhütte vorbei und erreichen 100 m dahinter die Straße, der wir nach Osten folgen. Wir nehmen zweimal die linke Abzweigung. Wo die Sicht auf den Mittagsberg (CSSR-Radarstation) frei wird, sehen wir schon links auf idyllischer Lichtung das seit 1952 verlassene *Schachtenhaus* (125 Min.). Es gehört den Buchenauer Bauern, die noch alljährlich das Heu ernten. Uns ist es ein guter Rastplatz mit köstlichem Brunnenwasser und schöner Aussicht zum Mittagsberg und in die Wälder des Distelruck.

Jetzt gehen wir am Brunnen vorbei zur Straße hinunter und nehmen bei der ersten Kehre den steilen Abkürzer zur Wegespinne bei der *Alten Schwelle* (145 Min.). Jenseits des Baches, der der Moldau zuströmt, führt uns ein gut sichtbarer Ziehweg schon nach 5 Min. durch eine feuchte, flache Mulde und 15 Min. später zu einer moosig-grasigen Straße, auf der wir nach 600 m die Grenze erreichen (175 Min.).
Vom morastigen *Grenzweg* haben wir gute Ausblicke auf die Radarstation und zurück auf Steindlberg, Falkenstein und Arber. Bald überschreiten wir ein tief eingesägtes, nach Böhmen enteilendes Bächlein und steigen dann steil zum *Distelruck* hinauf, der durch seine baumfreie Hochfläche überrascht.
Nach dem scharfen Knick der Grenze nach Osten – bei Stein 15/8 (215 Min.) – folgen wir einem nach Südwesten am *Strittigen Filz* (Moor!) vorbeiziehenden Weg und nehmen immer die linke Führe, die langsam in den Südhang hineinquert. Wir überschreiten eine Reihe von Quellen, es wird wildromantisch. Links, sehr steil abfallend, die „Gruft"! Wo der rechte Steilhang flacher wird, haben wir neben uns bereits den oberen *Lindbergschachten*. Der Weg mündet bei einer Diensthütte im oberen Drittel in den Schachten (245 Min.). Beim Abstieg über die von Heidelbeerstauden bedeckte Bergweide beeindrucken uns immer wieder herrliche Ausblicke zum Rachel. Über die Hochschachtenstraße kommen wir zu unserem Parkplatz in Buchenau (300 Min.).

Rast auf dem Jährlingsschachten (Scheuereckberg)
(Route 37)

Wetterahorn auf dem Lindberg-Schachten
(Routen 32, 33, 34, 35, 36 und „Hohe Route“)

37 Spiegelhütte – Scheuereckberg – Schachtenhaus und zurück über Kiesruck

Spiegelhütte – Totenschädel – Hochplattel – Scheuereckberg/Jährlingsschachten – Schachtenhaus – Kiesruck – Fahnenriegel – Spiegelhütte. (s. Skizze S. 144)

Gehzeit: 4 Std. 5 Min. **Streckenverlauf:** mittelschwer. **Höhenunterschied:** rund 1100 m. **Erforderlich:** gute Kondition, Karte, Kompaß, Orientierungssinn, Bergausrüstung. Keine Einkehrmöglichkeit!
Nicht markiert.

Ausgangspunkt für diese kurze, aber sehr ansprechende Tour ist *Spiegelhütte,* das von Ludwigsthal mit dem Auto zu erreichen ist. Zwischen den zwei nördlichsten Häusern beginnt ein Waldweg, der hinaufführt zum 800 m hoch gelegenen *Totenschädel,* dem tiefstgelegenen Schachten des Bayerischen Waldes. Er wurde von den Lindberger Bauern im 18. Jahrhundert widerrechtlich gerodet. Nach 15 Min. treten wir auf die von einer Straßenkurve durchzogene Lichtung hinaus. Wir folgen aber nicht der Straße, sondern wieder einem Waldweg, der von der Straße rechts abbiegt und durch den Südosthang des Rükkens vom Totenschädel zum Hochplattel emporzieht. Er kommt einmal dem Kamm sehr nahe, kreuzt nach einer weiteren Viertelstunde eine Straße, wird steinig und steiler, dreht dann nach 10 Min. direkt nach Norden, wird grasig, farnüberwuchert, gabelt sich – wobei wir die Nordrichtung strikt beibehalten –, wird wieder besser – und führt schließlich direkt zum Taferlbaum auf dem *Hochplattel* (55 Min.). Dieser steht am nördlichen Hauptwanderweg. Die Tafel erinnert an die Ro-

dungstätigkeit des hl. Gunther. Wir befinden uns am ehemaligen Guntherssteig.
Jetzt gehen wir in gleicher Richtung weiter, schräg ansteigend, gegen den Scheuereckberg. Der Weg wird erst grob steinig, dann nehmen Farn und Lattich überhand. Schließlich endet er im Morast. Wir verlassen ihn vorher und streben rechts, weglos durch den sichtigen, gut begehbaren Wald aufwärts. Nach Überwindung von 140 Höhenmetern (ab Taferlbaum) erreichen wir so den Waldrand auf dem höchsten Punkt des Scheuereckberges. Von hier schauen wir über den malerischen Jährlingsschachten hinweg zum tschechischen Radarturm auf dem Mittagsberg hinüber und in die Grenzwälder um den Distelruck. Am nördlichen Waldrand finden wir unter alten Ahornbäumen eine gute Unterstandshütte.
Über die mit Reischgras bewachsene Lichtung südwärts kommen wir auf einen Fahrweg, dem wir folgen, bis er am Südende des Schachtens nach Osten zu einer 100 m entfernten Straße abschwenkt. Auf dieser Straße müssen wir 250 m nach rechts (Süden!). Wir stoßen nach 95 Min. bei einer Wegespinne auf den Hauptwanderweg (grünes Dreieck), nehmen aber die im spitzen Winkel links zurücklaufende Straße zum Schachtenhaus. Nach 105 Min. sehen wir rechts im Wald ein „Jagdgestell" (leere Holzhütte), das wir uns merken sollten, da wir auf dem Rückweg wieder an ihm vorbei müssen. Zunächst aber gehen wir bei der Straßengabelung links, und wo nach 5 Min. der Radarturm vom Mittagsberg sichtbar wird, wieder links, um nach 115 Min. zum verlassenen *Schachtenhaus* zu kommen. Bank und Brunnen mit köstlichem Wasser laden zur Rast ein. Die herrliche Aussicht über einsame Wälder läßt uns die Zeit vergessen.
Hier könnten wir Route 36 und 37 miteinander verbinden, hätten aber dann räumlich voneinander getrennte Ausgangs- und Endpunkte.
Nach der Rast gehen wir auf dem gleichen Weg, den wir kamen, zurück zu dem erwähnten Jagdgestell. Direkt von der Straßengabelung davor folgen wir einem kaum

mehr erkennbaren Weg nach Süden (Marschzahl 30), umgehen die kleine Lichtung mit dem Jagdgestell links und gelangen in eine Schneise, die mit Marschzahl 30 grasig und moosig zum *Kiesruck* hinaufzieht. Mit zunehmender Höhe wird sie zum schmalen Bergpfad. Am höchsten Punkt gehen wir noch 80 m nach rechts und stehen auf der Gipfelblöße vor den Felsen des Kiesruck (145 Min.). Durch ein Felsentor kommen wir auf ihre Westseite und können sie besteigen. Vom nördlichen Felsen mit der Kennzeichnung eines T. P. (Trigonometrischer Punkt) bietet sich eine herrliche Aussicht zum Steindlberg und zum Arbergebiet.
Zum *Fahnenriegel* gelangen wir, indem wir einer nur schwach erkennbaren, grün überwachsenen Schneise nach Westen abwärts folgen. Der lichte Wald erlaubt ein schnelles Vorwärtskommen ohne Weg. Mächtige Felsen kennzeichnen das Ziel (155 Min.). Weiterhin weglos kommen wir westwärts hinunter zum Hauptwanderweg (165 Min.). Ein weiterer Abstieg nach Westen ohne Weg zu einer 100 m tiefer gelegenen Wegespinne ist beschwerlich. Wer es sich nicht zutraut, kann sie auch erreichen, wenn er erst 900 m, dem grünen Dreieck im weißen Grund folgend, bis zu einer Kreuzung nach Norden geht und dann sich von der weißen 8 im blauen Grund wieder südwestwärts führen läßt. Diese Markierung leitet auf einer sehr angenehmen, stillen Asphaltstraße, die schöne Ausblicke zum Arber zuläßt und an deren grünen Rändern im Juni die Orchideen blühen, hinunter nach Spiegelhütte (245 Min.).

Der Rachel und sein See

Der Rachel ist nur 3 m niedriger als der Arber. Mit dem liebevoll und ehrfürchtig zugleich ausgesprochenen Namen „Rahe“ oder „Ray“ billigen ihm die Einheimischen stillschweigend die Rolle eines ungekrönten Herrschers unter den Waldbergen zu.
Unnahbar scheint er durch seine schwarzen Bergwälder, geheimnisvoll durch die Grenznähe und seinen stillen See. Bekannt und beliebt geworden ist er durch seine stilvolle Kapelle, die heute als Kleinod des Bayerischen Waldes gilt.
Stehen wir auf seinem Felsgipfel, so beeindrucken uns im Norden das Hochland der Schachten mit dem radargekrönten Haupt des Mittagsberges, im Osten die weiten, baumlosen, böhmischen Moore und im Süden der mächtige, schwarze Grenzkamm, der sich bis zum fernen Lusen hinzieht. Blicken wir aber in seinen dunklen See, dann ist uns, als sprudelten Sagen und Geschichten ohne Ende aus dem unergründlichen Innern des Berges. Die darüber aufsteigende Seewand ist das wildeste, was der Bayerische Wald aufzuweisen hat.
Wie vor Jahrhunderten die Bergleute, die vergeblich nach Gold schürften, so versteht der Rachel heute noch jeden Wanderer zu verzaubern, der sich in seinen Bann begibt. In seinen Wäldern vollzog sich ein Stück Waldgeschichte. Heute noch finden wir die Dämme der ehemaligen Waldbahn, die mit 120 km Gleislänge und ihrem Zentrum bei der Racheldiensthütte Unmengen von Holz ins Tal schleppte. Die Wasser- und Kanalsysteme, die zum Zweck des Holztriftens zwischen Rachelsee und Diensthütte erbaut wurden, versetzen uns immer noch in Erstaunen.
Allerdings, aus der Stille von einst ist ein ständiges Kommen und Gehen auf den Hauptwanderwegen ge-

worden, und mit Ge- und Verboten, Zäunen und „Pferchen“ muß man nun die Menschenmassen bannen, die man 1970 mit Errichtung des Nationalparks bedenkenlos rief.
Auch wenn einige der schönsten Wege heute überhaupt verboten, andere wieder überlaufen sind, viele bleiben dennoch als Wanderwege interessant, weil sie den Kurzbesuchern des Nationalparks zu zeitraubend, zu anstrengend oder zu einsam sind. Es kommt darauf an, sich für Rachelwanderungen die richtige Zeit und die richtigen Wege auszusuchen.

Die gebräuchlichsten Aufstiege

Vom Falkenstein (Buchenau, Frauenau)

1. Über Verlorenen Schachten – Grenzweg – zum Rachel . (Unmarkiert, siehe Route 34!)
2. Über Forsthaus Schachten – Rachelwiese – zum Rachel (Markierung: weiße 7 im blauen Grund, siehe Route 38!)

Von Frauenau

Über Oberfrauenau – Kl. Rachel – Rachelwiese – zum Rachel (Markierung: Grünes Dreieck im weißen Grund)

Von Klingenbrunn

Über Bahnhof Klingenbrunn – durch das Flanitztal – Waldschmidthaus zum Rachel (Markierung: Nationalpark-Markierung „Drei Tannen“)

Von Spiegelau

1. Über Gfällparkplatz – Lieslbrunnen – Waldschmidthaus – zum Rachel (Markierung: Nationalpark-Markierung „Auerhahn“)

2. Über Jägerfleck – Föhraufilz (Ochsenklavier) – Feistenberg – Rachelsee – Rachelkapelle – zum Rachel (Markierung: Nationalpark-Markierung „Auerhahn", siehe Routen 39, 40)
3. Über Parkplatz Racheldiensthütte – Kanzel – Rachelsee – Rachelkapelle – zum Rachel (Markierung: Nationalpark-Markierung „Specht" bis Rachelsee, dann „Auerhahn". Ab Kanzel grünes Dreieck im weißen Grund zusätzlich, siehe Route 40!)

Von Waldhäuser (Lusen)

1. Über Fredenbrücke – Racheldiensthütte – Rachelsee – Rachelkapelle zum Rachel (Markierung: grünes Dreieck im weißen Feld, neben Nationalpark-Markierung „Specht" und „Auerhahn")
2. Über Teufelsloch – Oberer Horizontalsteig – Kanzel – Rachelsee – Rachelkapelle – zum Rachel (Markierung: grünes Dreieck im weißen Grund, neben Nationalpark-Markierungen, siehe Routen 41, 40!)

Die genannten Anstiege zum Rachel lassen sich gut miteinander und mit den nachfolgend näher beschriebenen Routen verbinden. Dazu sollte man aber bei den heutigen Verhältnissen im Nationalpark beachten, daß der Hauptandrang in den Monaten Juni bis September bei gutem Wetter von 10.00 Uhr morgens bis etwa 3 Std. vor Einbruch der Dunkelheit erwartet werden muß. Schlechtes Wetter dagegen, früher Morgen, später Abend, Frühling und Spätherbst sind die besten Zeiten für den guten Waldgeher, der die Einsamkeit sucht. Die meistbegangenen Routen sind die von der Racheldiensthütte zum See, über die Kanzel zum See, vom See über die Kapelle zum Gipfel und der Abstieg über das Waldschmidthaus nach Klingenbrunn und zum Gfällparkplatz.

38 Forsthaus Schachten – Rachel

Forsthaus Schachten – Hochruck – Rachelwiese – Gr. Rachel.
(s. Skizze S. 168)

Gehzeit: 1 Std. 45 Min. (von Oberfrauenau 3 Std. 25 Min.). **Streckenverlauf:** mittelschwer. **Höhenunterschied:** 590 m (700 m). **Erforderlich:** normale Kondition, Bergausrüstung, Karte. Keine Einkehrmöglichkeit.
Markierung: (ab Oberfrauenau) weiße 7 im blauen Grund, im oberen Teil vereinigt mit grünem Dreieck im weißen Grund.

Die Brücke über den Kl. Regen unterhalb des *Forsthauses Schachten,* das man von Oberfrauenau oder von Buchenau aus anstrebt, ist unser Ausgangspunkt.
Der schöne, aber 590 m Höhenunterschied überbrükkende Aufstieg – mit der weißen 7 im blauen Grund markiert – kann wegen seiner Wildheit und Einsamkeit jeden Waldgeher und Bergsteiger begeistern. Fast alpin, von Felswänden durchsetzt, mit herrlichem Urwald bestanden steigen die wasserdurchrauschten Nordhänge auf. Ein schmaler, fast unter Farn und Berggras verschwindender Serpentinenpfad windet sich durch alle Hindernisse empor, überschreitet murmelnde, stürzende Rinnsale, geht an den überhängenden schwefelgelben Felsen des *Hochrucks* entlang und erschließt immer neue Schönheiten.
Fast unnahbar stehen mächtige Bäume in den grünen, steilen Hängen. Wo einer vom Sturm gefällt oder von Gewittergüssen entwurzelt wurde, ist ein Teil des Hanges oder gar der Weg mit ihm abgerutscht. Dürre Baumgerippe mit silbergrauen Ästen greifen ins Leere. Manche sind von Baumschwämmen befallen, andere liegen am Hang und das Moos wächst schon wieder aus ihren

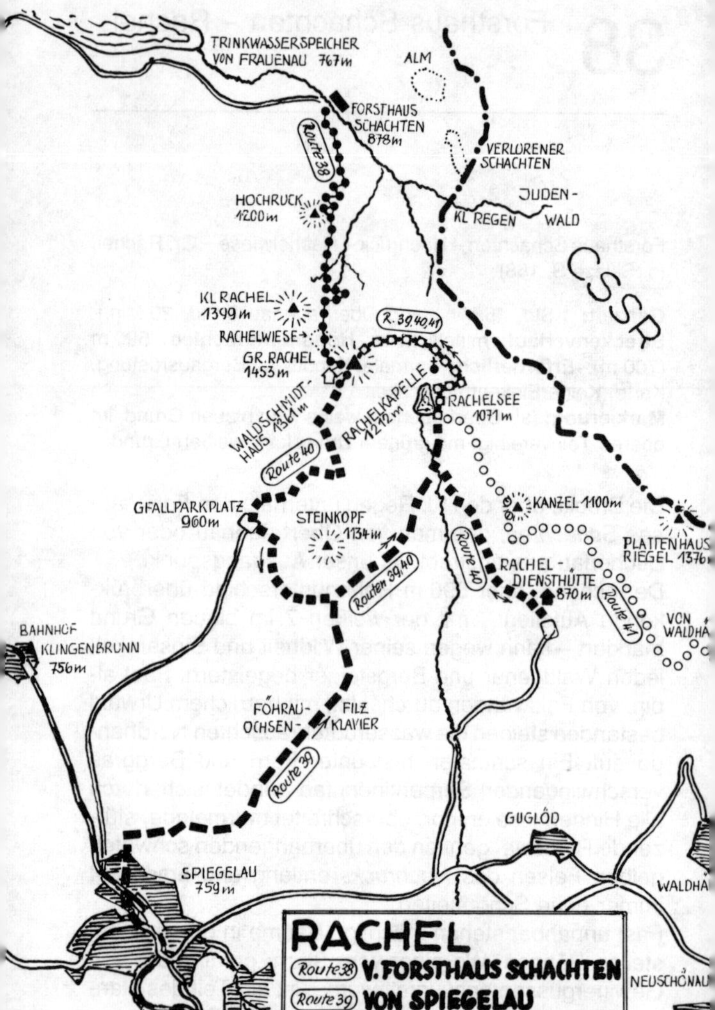
TRINKWASSERSPEICHER
VON FRAUENAU 767m
ALM
FORSTHAUS
SCHACHTEN
878m
Route 38
VERLORENER
SCHACHTEN
HOCHRUCK
1200m
JUDEN-
WALD
KL REGEN
CSSR
KL RACHEL
1399m
R. 39,40,41
RACHELWIESE
GR. RACHEL
1453m
RACHELKAPELLE
1212m
WALDSCHMIDT-
HAUS 1361m
RACHELSEE
1071m
Route 40
GFALLPARKPLATZ
960m
STEINKOPF
1134m
KANZEL 1100m
PLATTENHAUS
RIEGEL 1376
Routen 39,40
Route 40
RACHEL-
DIENSTHÜTTE
870m
Route 41
VON
WALDHÄ
BAHNHOF
KLINGENBRUNN
756m
FÖHRAU-
OCHSEN-
FILZ
KLAVIER
Route 39
GUGLÖD
SPIEGELAU
759m
WALDHÄ
NEUSCHÖNAU
RACHEL
Route 38 V. FORSTHAUS SCHACHTEN
Route 39 VON SPIEGELAU
Route 40 V. RACHEL-DIENSTHÜTTE
Route 41 VON WALDHÄUSER
0
1
2 km

verwesenden Leibern. Klares Wasser perlt aus Felsen und Humus, sammelt sich in moorigen Prellen und stürzt – von üppigem Grün gesäumt – zu Tal. Hier wirkt noch ungebändigte Natur.
Erst spät wurde dieser Aufstieg von den Wanderern angenommen. Er wird kaum begangen, denn nur wenige kennen ihn, und nur gute Geher nehmen die langen Wege in Kauf, die zu ihm führen.
Da die Sonne sich schon bald hinter dem Rachel verbirgt, wirkt er schattig und düster. Um so größer ist die Überraschung, wenn wir nach 90 Min. aus dem kühlen Labyrinth aus Wald und Felsen auf den grünen Filz der malerischen *Rachelwiese,* im Sattel zwischen Gr. und Kl. Rachel, hinaustreten. Der kühle Bergwind fährt in Stößen über die borstigen Gräser dieses hochgelegenen Weideplatzes und trocknet uns den Schweiß von der Stirn. Die wärmende Sonne und herzige Blumen sind wie eine Aufforderung zu erholsamer Rast.
Eine Waldschneise zieht über Felsblöcke zum 1453 m hohen Gipfel des Gr. Rachel hinauf (105 Min.). Von dort geht der Blick über Wetterfichten hinweg über die Täler und Höhen des Bayerischen Waldes und über endlose Moorwälder weit nach Böhmen hinein.
Der Abstieg kann nach Belieben gewählt werden. Nach Oberfrauenau (Markierung: grünes Dreieck im weißen Grund) sind es 2 Std. Gehzeit, nach Klingenbrunn (Nationalpark-Markierung „Drei Tannen") 1 Std. 45 Min. und nach Spiegelau Nationalpark-Markierung „Auerhahn" und „Ahornblatt" gut 3 Std.

39 Spiegelau – Rachelsee – Rachel

Spiegelau – Jägerfleck – Föhraufilz/Ochsenklavier – Feistenberg – Rachelsee – Rachelkapelle – Gr. Rachel. (s. Skizze S. 168)

Gehzeit: 3 Std. 40 Min. **Streckenverlauf:** mittelschwer. **Höhenunterschied:** 700 m. **Erforderlich:** normale Kondition, Karte, Bergausrüstung. Keine Einkehrmöglichkeit.
Markierung: Nationalpark-Markierung „Ahornblatt" und „Auerhahn", ab Rachelsee auch grünes Dreieck im weißen Grund.

Im „Zeitalter des Nationalparks" hat man im Erschließungstaumel Zubringerstraßen und Parkplätze bis weit in die Wälder des Grenzkamms hinein vorgetrieben. Die meisten Aufstiege zum Rachel erfolgen heute vom Parkplatz an der Racheldiensthütte und vom Gfällparkplatz aus. Doch ist auch der lange Aufstieg von Spiegelau interessant und schön.
Wir überschreiten die Bahn unmittelbar beim Bahnhof und treten sofort in den Nationalpark ein. Durch den Wald aufwärts kommen wir nach 1000 m zum *Jägerfleck.* Die zuverlässige Nationalparkmarkierung führt uns weiter über die schwach ausgeprägte Jägerhöhe und schließlich hinunter zum Naturschutzgebiet *Föhraufilz* (40 Min.). Heute noch erkennen wir deutlich die weite Mulde, die vor vielen Tausenden von Jahren vom Wasser eines Bergsees ausgefüllt war. In langen Zeitläuften hat der Wald mit seinem Wurzelgeflecht die Oberfläche überzogen und Humus darübergehäuft, bis neues primitives pflanzliches Leben sich ansiedelte. Immer noch schwankt der Boden über dem Wasser, das in der Tiefe steht. Durch fortwährendes Werden und Vergehen wird die Humusdecke immer dicker und

wölbt sich – wie leicht zu erkennen – langsam nach oben.
Das Grundwasser ist den Pflanzen heute schon unerreichbar, deshalb können nur primitive Gewächse hier existieren.
An Bäumen finden wir auf dem Filz hauptsächlich Spirken, verkrüppelte Moorbirken und Latschen. In ihrem Schatten wachsen Rausch-, Moos- und Preißelbeeren. Die Andromedaheide, der fleischfressende Sonnentau, eine ganze Reihe von Torfmoosarten und das Wollgras bevölkern das Moor. Der Knüppelweg heißt *„Ochsenklavier"*. Der Name spielt auf den Klang an, den die Holzbohlen von sich gaben, wenn die Hufe des Weideviehs darauf stampften. Er stammt noch aus der Zeit der Hirten und Bergweiden.
Über den Hüttenriegel ansteigend, kommen wir zur Unterstandshütte *Feistenberg* (90 Min.). Hier kommt der breite Weg vom Gfällparkplatz herüber. Ein Marterl für einen mit dem Holzziehschlitten tödlich verunglückten Waldarbeiter mahnt uns zum Nachdenken, während wir durch den menschleeren Wald hinüberschreiten zum „Roßstall", einer kleinen Ebene unterhalb der Endmoräne des einstigen Rachelgletschers. Dort treffen wir auf den von der Racheldiensthütte heraufkommenden Wanderweg (grünes Dreieck im weißen Grund). Er führt als eiszeitlicher Lehrpfad – von der Nationalparkverwaltung angelegt – hinauf zum verträumten Rachelsee (150 Min.) – verträumt dann, wenn die Scharen der Besucher des Nationalparks noch nicht aufgestiegen oder schon wieder in die Täler zurückgekehrt sind.
Über den weiteren Aufstieg Rachelkapelle (180 Min.) – Gr. Rachel (220 Min.) siehe Route 40!

40 Racheldiensthütte – Rachel und zurück über Gfällparkplatz

Racheldiensthütte – Roßstall– Rachelsee – Rachelkapelle – Rachel – Waldschmidthaus – Gfällparkplatz – Feistenberg – Roßstall – Racheldiensthütte. (s. Skizze S. 168)

Gehzeit: 5 Std. 5 Min. **Streckenverlauf:** mittelschwer. **Höhenunterschied:** rund 1200 m. **Erforderlich:** normale Kondition, leichte Bergausrüstung. **Einkehrmöglichkeit:** Waldschmidthaus, Racheldiensthütte.
Markierung: bis Waldschmidthaus grünes Dreieck im weißen Grund, dann Auerhahn bis Roßstall, Rest wieder grünes Dreieck im weißen Grund.

Wenn wir von Spiegelau mit dem Auto der breiten Straße nach Graupsäge – Waldhäuser folgen, finden wir kurz vor der Gr. Ohe ein Schild, das links, waldeinwärts zur *Racheldiensthütte* zeigt. Die schmale Straße endet am Parkplatz bei der Diensthütte. Bei der idealen Anfahrmöglichkeit ist es nicht verwunderlich, wenn heute Tausende von Menschen, die früher kaum ans Wandern dachten, auf diesem Weg zum Rachel kommen.
Die Racheldiensthütte, auch Oswalder Diensthütte genannt, weil sie vom Forstamt St. Oswald unterhalten wurde, ist heute ein Wanderstützpunkt geworden. Fast zwei Jahrhunderte lang war die Holzhütte mit dem Aussehen eines Lebkuchenhäuschens Unterkunft für die Forstarbeiter, die die ganze Woche über im Bergwald arbeiteten, bis sie am Sonntag zu ihrer Familie ins Tal heimkehrten.
Ein Zentrum der Holzwirtschaft entstand damals in den Wäldern um die Diensthütte. Findige Forstleute errichteten ein Kanalsystem zwischen Rachelsee und Schachtenbach, das es ermöglichte, das von den Bergkämmen kommende Wasser zu speichern und zu verschiedenen

Orten zu leiten, wo es gerade gebraucht wurde. Mit dem Wasser wurde getriftet, d. h. die zu Blöchern geschnittenen Stämme ins Tal geschwemmt.
Um die Racheldiensthütte fuhr auch die schon historisch gewordene Waldbahn mit nahezu 120 km Gleislänge, die das geschlagene Holz aus den Wäldern zum Bahnhof Spiegelau brachte. Bis Mauth und Finsterau erstreckten sich die Geleise. Heute noch erkennen wir manchen Weg durch den Wald als ehemaligen Damm der Waldbahn.
Nach einem Blick zurück zum Spiegelbild der Hütte mit den drei riesigen Tannen im schwarzen Schwellteich der Schachtenbachklause, steigen wir mit der Markierung „grünes Dreieck im weißen Grund" bequem zum Rachelsee auf (45 Min.). Vom *Roßstall,* wo der Seebach durch eine flache Hangmulde rauscht, geht es steil über die Endmoräne des ehemaligen Gletschers hinauf zum Seeufer. Tafeln der Nationalparkverwaltung erklären Flora, Fauna und Geologie dieses Gebietes.
Der Blick über den stillen, waldumgürteten See mit der hochaufstrebenden Rachelseewand und ihrem in die Tiefe gehenden Spiegelbild ist äußerst eindrucksvoll. Wir denken an die Sage von der „bösen Wecklin", der in den See verwunschenen einstigen Schloßherrin von Rammelsberg bei Grafenau, die hier angeblich auf späte oder verirrte Wanderer lauert, um sie ins Verderben zu führen und an die Seeweiblein, die im Morgengrauen über dem Wasser tanzen, bis sie vor dem ersten Sonnenstrahl wieder in die Tiefe zurückkehren müssen.
Vor 10000 Jahren taute der Gletscher weg, der die Seemulde ausschürfte und die Moräne vorschob. Seit dieser Zeit nahm der Wald überhand. Er ist hier so urwüchsig wie kaum irgendwo im Grenzkamm.
In der Seewand droben steht die *Rachelkapelle.* Über den felsigen Kapellensteig gelangen wir in 30 Min. zu ihr (75 Min.). Der Forstmeister Leithäuser hat sie 1885 für Wanderer in Bergnot errichten lassen. Sie ist eine Notunterkunft in Kapellenform.

Der Weiterweg zum 240 m höheren Rachelgipfel verläuft über einen Rücken, den der Berg nach Osten zur Grenze hin vorschiebt. Dieser Weg nimmt – kaum sichtbar – von rechts den Aufstieg vom Verlorenen Schachten (Route 34) und von links den heute verbotenen Aufstieg durch die Rachelseewand – ehemals Hauptwanderweg – auf. Nur alte Waldgeher kennen diese Steige noch.
Wenn der Aufstieg steiler wird, und wir endlich den immer spärlicher werdenden, letzten Wetterfichten entsteigen, sehen wir über uns auf mächtigem Felsenriff das schönste Gipfelkreuz des Bayerischen Waldes (120 Min.).
Ein umfassender Rundblick wird uns von hier oben zuteil. Unter uns liegen die Täler und Berge des Waldgebirges vom Dreisessel über Lusen, Kubany bis hinauf zu Falkenstein, Arber, Osser und Kaitersberg. Im Osten dehnen sich die weiten, geheimnisvollen Moore Böhmens. Gegen die Sonne stehen blau die Donauberge mit dem Brotjacklriegel. An klaren Tagen sehen wir sogar die Alpen hinter der Bayerischen Hochebene aufragen.
Das *Waldschmidthaus* finden wir nur wenige Minuten unterhalb des Gipfels in westlicher Richtung. Es hat sich im Lauf der Jahrzehnte leider von einer einsamen, idyllischen Berghütte zu einem Rummelplatz des Nationalparks mit Massenabfertigung und Selbstbedienung entwickelt. – Das Schönste hier ist der Tiefblick zum See und über das Wäldermeer zum Lusen. Ein Korridor zwischen Holzplanken (Pferche) führt hinüber zum Aussichtspunkt. Auch die Rachelwiese, etwas abseits zwischen Gr. und Kl. Rachel gelegen, wo die Abstiege nach Oberfrauenau und nach Schachten (Route 38) beginnen, ist einen Besuch wert (150 Min.). Der mit einem Auerhahn gut markierte Abstieg über den Lieslbrunnen und das Schustermarterl zum *Gfällparkplatz* (200 Min.) – schon nach 150 m vom Klingenbrunner Rachelsteig links ab! – ist problemlos. Vom Parkplatz bringt uns die gleiche Markierung gemächlich hinüber zur Unter-

standshütte *Feistenberg* (235 Min.) und – wie in Route 39 – weiter zum *Roßstall.* Der Weiterweg zurück zur Diensthütte ist vom Aufstieg her bekannt.

41 Waldhäuser – Oberer Horizontalsteig – Rachel

Waldhäuser – Martinsklause – Teufelsloch – Lange Schlucht – Kanzel – Rachelsee – Rachel. (s. Skizze S. 168)

Gehzeit: 3 Std. 20 Min. **Streckenverlauf:** mittelschwer. **Höhenunterschied:** rund 600 m. **Erforderlich:** normale Kondition, Karte, leichte Bergausrüstung. **Einkehrmöglichkeit:** Racheldiensthütte, Waldschmidthaus.
Markierung: grünes Dreieck im weißen Grund.

Der Obere Horizontalsteig, der Lusen- und Rachelgebiet miteinander verbindet, wurde von der Nationalparkverwaltung als Ersatz für den Grenzsteig und den Hochwalddistriktsteig geschaffen, die nicht mehr begangen werden dürfen. Sie liegen heute in der Reservatzone. Auch der Obere Horizontalsteig wird wenig begangen, obwohl er landschaftlich ungemein reizvoll ist. Vor allem im Herbst, wenn die Buchen rot glühen, vermittelt er ein besonderes Erlebnis. Er ist Hauptwanderweg mit dem grünen Dreieck im weißen Grund.
Wir steigen von *Waldhäuser,* der Beschilderung nach, hinauf zur *Martinsklause* (30 Min.), einem idyllischen, waldumrauschten, kleinen Stausee und weiter zum *Teufelsloch* (40 Min.), wo wir tief unter Felsblöcken Wasser rauschen hören. Hier hat das Wasser den Berg „aufgesägt", und die Steinblöcke sind darüber wieder in den Einschnitt gestürzt. Mehrere hundert Meter Länge hat dieser mit Felstrümmern gefüllte Bachlauf im Berg, in dem unterirdisch dasselbe Wasser rauscht, das die Martinsklause auffängt.
Und dann beginnt ein herrlicher Weg durch prächtigen Wald. Zahllose Bergwasser springen von der 1370 m hohen Westlehne des Grenzkamms zu Tal. Sattgrünes Moos bedeckt die feuchten Steine an ihren Rändern.

Stundenlang genießen wir einen Farbenzauber und ein Lichterspiel ohnegleichen im stillen Bergwald. Der Schreyerbach in der *„Langen Schlucht“*, das „Bärenloch“, die „Mühlbuchethänge“ und dazwischen immer wieder rauschende, klingende Wasser sind Abwechslungen in dem meist horizontal verlaufenden, gut angelegten Felsensteig.
Wo der Weg zur Racheldiensthütte abzweigt (160 Min.) steigen wir zügig weiter zur *Felsenkanzel* (170 Min.) hinauf, von der wir eine eindrucksvolle Schau über die Wälder zwischen Rachel und Lusen haben. Im Frühling und im Herbst ein fantastisches Bild!
In weiteren 30 Min. sind wir am *Rachelsee* (200 Min.). Der Weg dorthin verläuft am Ufer eines künstlichen Schwemmkanals, der Teil eines ausgeklügelten Wassersystems ist, das im Lauf der letzten Jahrhunderte angelegt, immer mehr vervollkommnet wurde und der Blöchertrift diente. Heute gehört diese romantische Art des Holztransports der Vergangenheit an.
Über den Aufstieg zum *Rachel* siehe Route 40! – Als Rückweg würde sich der Weg über Racheldiensthütte und Fredenbrücke anbieten, ebenfalls mit grünem Dreieck im weißen Grund bezeichnet.

Rachelseewand, Plattenhausen und Spitzberg – verbotenes Land!

Noch vor zehn Jahren waren die Wälder zwischen Rachel und Lusen die Einsamkeit selber. Der leidenschaftliche Waldgeher fand in ihnen die Erfüllung seiner heimlichen Sehnsüchte.
Heute ist dies anders. Den Waldgehern erging es mit Schaffung des Nationalparks wie den Indianern im Wilden Westen. Zug um Zug wurden sie ihrer „Jagdgründe" beraubt. Die Randgebiete wurden von Leuten niedergetrampelt, die gar keine Beziehung zur Natur und zum Wandern mehr hatten – von den Kern- und Hochregionen wurden sie ausgesperrt, um eine Reservatzone für das Wild zu erhalten.
Erzählt man als „Alter" trotzdem von der Rachelseewand, vom Hochwalddistriktsteig oder vom Grenzsteig über den Plattenhausen und Spitzberg, also von den Wegen durch verbotenes Land, die immer noch zu den schönsten Wanderwegen des Bayerischen Waldes zählen, so geschieht dies nur noch, um eine vielerorts angestaute Neugierde zu befriedigen. Es soll keine Empfehlung sein. –
Ich bin diese Wege viele Dutzend Male gegangen, bevor es einen Nationalpark gab – und auch später noch. Sie sind heute noch so schön wie einst, und sicher haben wir es dem Verbot zu danken, daß es so geblieben ist. –
Da ist zunächst die Rachelseewand. Früher führte der Hauptwanderweg nicht über die Kapelle zum See. Er zweigte in 1350 m Höhe vom heutigen Weg rechts ab und ging steil in engen Serpentinen durch den Urwald hinunter zum Westufer des Sees. Die Spuren sind noch vorhanden. Aber auch vom Waldschmidthaus, und südlich davon, finden wir Trittspuren in die Seewand hinein, und auch von der Kapelle steilt ein Weg direkt hinunter

zum Seeufer. Aber das schönste in der Seewand ist wohl der Querweg, der am Kapellensteig als Verlängerung des Hochwalddistriktsteigs beginnt und durch die ganze Wand bis zum Felssturz und noch weiter in die Rachelschachtenhäng hineinzieht. Wer diese Wege gegangen ist, der kennt die Rachelseewand, und der weiß auch, daß es im Bayerischen Wald nichts Schöneres gibt.

Die natürliche Verlängerung des Horizontalwegs durch die Seewand nach Westen ist der berühmte Hochwalddistriktsteig, der fast 4 Std. weit durch einsamen Bergwald hinüberzieht zum Teufelsloch und zum Böhmweg am Lusen. Er ist, wie schon vor 50 Jahren, heute noch ein Walderlebnis ersten Ranges. Doch ist von der Nationalparkverwaltung mit dem Oberen Horizontalsteig tatsächlich ein guter Ersatz geschaffen worden. Er ist landschaftlich fast schöner, aber es fehlen ihm 200 m an Meereshöhe und die „absolute" Einsamkeit.

Und schließlich besteht noch der Grenz- oder Kammweg. Er beginnt etwa 300 m nordwestlich der Rachelkapelle aus dem Hauptwanderweg. Ein Steiglein führt, gut erkennbar, 800 m nach Osten und folgt dann fast 4 Std. weit der Grenze bis zum Markfleckl am Lusen. Es zieht durch schwankende Moore und Filze und überschreitet unter anderem den 1376 m hohen Plattenhausenriegel und den Großen Spitzberg. Sogar ein spiegelnder See überrascht uns auf dem Hochkamm. Der Steig quert den Böhmweg im Sattel zwischen Lusenmoor und Teufelsloch. Das Hochgericht, die Blauen Säulen, das Markfleckl und die herumliegenden Grenzsteine aus alter Zeit geben dieser Stelle etwas Geheimnisvolles, etwas Historisches. Tatsächlich überschritt bei den Blauen Säulen die Grafenauer Führe des Goldenen Steigs schon vor 600 Jahren die Grenze, und das Hochgericht war Richtstätte für Raubtaten am Handelsweg. –

Das Begehen dieser Wege ist nicht mehr erlaubt. Es ist gut so. Sie brauchen Ruhe und Unberührtheit. Aber wenn einer allein ist, wenn er leiser ist als das Wild, wenn er keine Spur hinterläßt, kein lautes Wort spricht und zu den „ganz Guten“ gehört – wenn ihn die Sehnsucht packt – dann, meine ich, sollte es ihm gegönnt sein, auch diese stillen Gründe gelegentlich einmal aufzusuchen – am besten mit ausdrücklicher Erlaubnis der Nationalparkverwaltung!

Der Lusen – und das Gold des Teufels

Der Lusen nimmt unter den Waldbergen eine Sonderstellung ein. Sein Gipfel, aus Tausenden von Felsblökken wie eine Steinpyramide über den dunklen Waldmantel aufgeschichtet, ist eine geologische Sehenswürdigkeit. 600 Jahrtausende haben mit Frost und Wärme, mit Eiszeiten und tropisch-warmen Regengüssen dieses Werk vollbracht.
Die Sage weiß es anders und schöner zu erklären: Da sei einmal der Teufel drüben im Böhmischen gewesen. Er hatte eines von seinen Stückln gedreht, und trug als Lohn eine „Kirm" (Kiepe – Buckelkorb) mit Gold auf dem Rücken. Damit sei er übers Waldgebirge herübergeflogen, aber da hätten die Waldler gerade auf dem Lusen eine Kirche gebaut. Der Teufel wollte sich im Vorbeifliegen die Kirche anschauen. Wie er so um das noch profane Bauwerk herumflog, hätten sie in Mauth drunten den Engel des Herrn geläutet. Beim Klang der geweihten Glocken sei der Teufel so erschrocken, daß ihm die Kirm herunterfiel – auf die Kirche drauf – diese hätte es zerschlagen – die Steine sehe man noch – unter ihnen aber liege das Gold.
Es muß wohl so sein, denn wenn abends schon die Nacht in die Täler kriecht, leuchtet das kahle Haupt des Lusen noch lange grünlichgolden weit ins Land hinaus. Dann bleiben die Waldler manchmal stehen und sagen: „Schau nur nauf, wie dem Teufel sein Gold wieder glänzt." Der goldene Glanz ist aber nur der Widerschein des letzten Tageslichts auf den Felsblöcken, die mit der gelb-grünen Schwefelflechte überzogen sind.
Wenn wir auch das „Gold des Teufels" nie heben können, so hält der Lusen mit seinem heute noch wenig bekannten Hinterland so viele, fast unberührte Schätze bereit, daß wir an ihm immer fündig werden. Die tiefen Wälder, die springenden Wasser, die verträumten Klau-

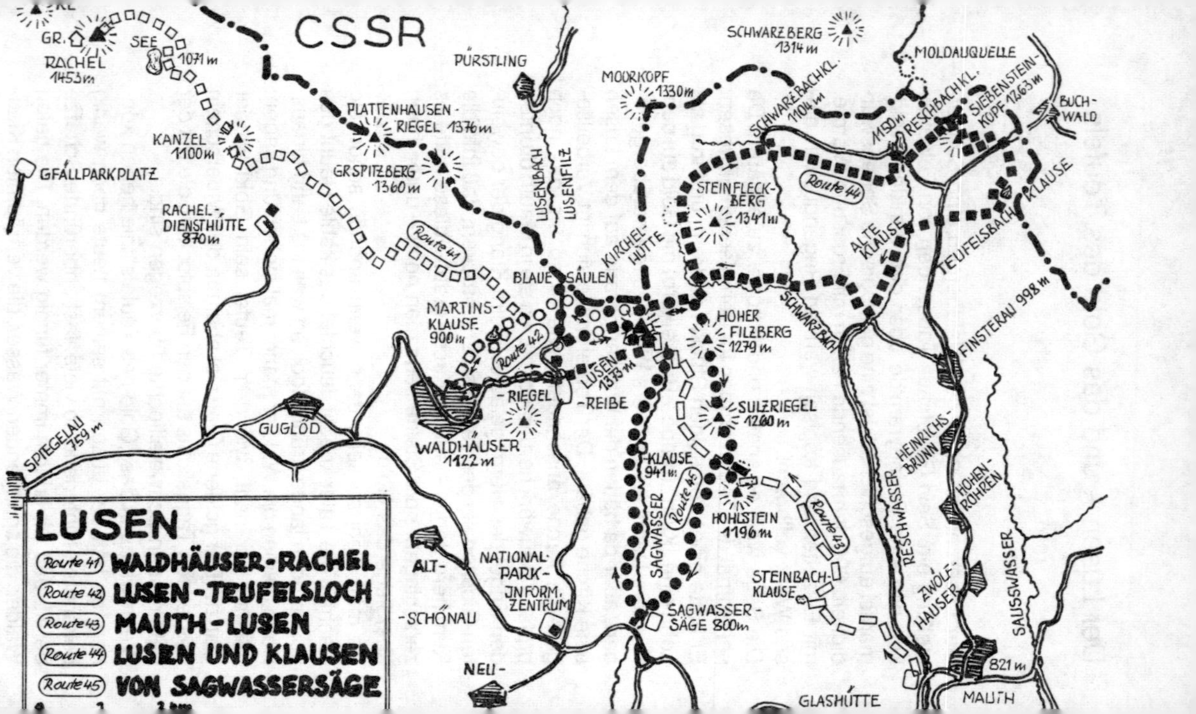
CSSR
GR. RACHEL 1453 m
SEE 1071 m
KANZEL 1100 m
GFÄLLPARKPLATZ
RACHEL-DIENSTHÜTTE 870 m
PLATTENHAUSEN-RIEGEL 1376 m
GR.SPITZBERG 1360 m
PÜRSTLING
LUSENBACH
LUSENFILZ
MOORKOPF 1330 m
SCHWARZBERG 1314 m
MOLDAUQUELLE
SCHWARZBACHKL. 1104 m
RESCHBACHKL. 1150 m
SIEBENSTEINKOPF 1263 m
BUCHWALD
KLAUSE
TEUFELSBACH
FINSTERAU 998 m
ALTE KLAUSE
STEINFLECKBERG 1341 m
KIRCHELHÜTTE
BLAUE SÄULEN
MARTINSKLAUSE 900 m
Route 41
Route 42
Route 43
Route 44
Route 45
SCHWARZBACH
HOHER FILZBERG 1279 m
LUSEN 1373 m
RIEGEL
REIBE
SULZRIEGEL 1260 m
WALDHÄUSER 1122 m
GUGLÖD
SPIEGELAU 759 m
KLAUSE 941 m
SAGWASSER
HOHLSTEIN 1196 m
RESCHWASSER
HEINRICHSBRUNN
HOHENROHREN
SAUSSWASSER
ALT-SCHÖNAU
NATIONALPARK INFORM. ZENTRUM
NEU-
STEINBACHKLAUSE
SAGWASSERSÄGE 800 m
ZWÖLFHÄUSER
821 m
MAUTH
GLASHÜTTE
LUSEN
Route 41 WALDHÄUSER-RACHEL
Route 42 LUSEN-TEUFELSLOCH
Route 43 MAUTH-LUSEN
Route 44 LUSEN UND KLAUSEN
Route 45 VON SAGWASSERSÄGE

sen und seine fast noch menschenleeren Hochtäler gleichen einem Paradies.
Wandern wir hinein!

Die gebräuchlichsten Aufstiege

Übergang vom Rachel

Oberer Horizontalsteig (Route 41) (Markierung: grünes Dreieck im weißen Grund)

Von Waldhausreibe (Waldhäuser, Spiegelau, St. Oswald, Neuschönau)

1. Winterweg oder Finsterauer Steig – zum Schutzhaus (Nationalparkmarkierung „Luchs")
2. Sommerweg oder Guldenstraß (Böhmweg) – Zwölferlinie – Himmelsleiter – zum Gipfel (Markierung: Grünes Dreieck im weißen Grund – siehe Route 42!)

Von Neuschönau

Über Sagwasserklause zum Schutzhaus (Nationalparkmarkierung „Farn" – siehe Route 45)

Von Mauth (Dreisessel)

Über Steinbachklause – Tummelplatz – zum Schutzhaus (Markierung: Grünes Dreieck im weißen Grund – siehe Route 43)

Von Finsterau

1. Über Kühruck – Lusensteig – Kl. Schwarzbachbrücke – Markfleckl – zum Gipfel (Nationalparkmarkierung „Soldanelle" – siehe Route 44!)
2. Über Kühruck – Reschbachtal – Lumpensteig – Schwarzbachklause – Kirchelhütte – Schwarzbach-

brücke – Markfleckl – zum Gipfel (Nur streckenweise markiert, siehe Route 44!)

Zu diesen Aufstiegen muß gesagt werden, daß der kürzeste aber langweiligste – nämlich der Winterweg zum Schutzhaus – am meisten begangen wird. Dies bringt der starke Andrang der Nationalparkbesucher mit sich, denen es nur darauf ankommt, direkt und bequem den Gipfel zu erreichen. – Wir machen uns die anderen Anstiege zu eigen. Folgende Routen sollen besonders herausgehoben werden:

42 Waldhäuser – Himmelsleiter – Lusen

Waldhäuser – Böhmweg – Zwölferlinie – Himmelsleiter – Lusen – Markfleckl – Grenzweg – Blaue Säulen – Böhmweg – Oberer Horizontalsteig – Teufelsloch – Martinsklause – Waldhäuser. (s. Skizze S. 182)

Gehzeit: 3 Std. **Streckenverlauf:** leicht. **Höhenunterschied:** 940 m. **Erforderlich:** Karte, Kompaß, leichte Bergausrüstung. **Einkehrmöglichkeit:** Lusenschutzhaus.
Markierung: bis zum Lusen „grünes Dreieck im weißen Grund“, zum Markfleckl „Soldanelle“ dann unmarkiert.

Es ist eigentlich eine sehr kurze Bergfahrt, aber sie ist historisch interessant und landschaftlich von eigentümlicher Schönheit. Schon die malerisch am Hang gelegene Streusiedlung Waldhäuser – heute eine der höchsten Gemeinden Bayerns (zwischen 800 und 1100 m) – erfordert ein Wort über ihre Entstehung: Hier zog schon etwa ab dem Jahr 1356 ein Zweig des „Goldenen Steiges“ von Grafenau hinauf zur Schulter des Lusen bei den Blauen Säulen. Der Salzweg ging durch die böhmischen Moore von Pürstling und Mader hinüber nach Bergreichenstein. Die Überwindung des Gebirges war für die Säumer eine harte Arbeit. Zudem gab es keine Raststelle unterwegs. Grafenau, das großen Nutzen aus diesem Handelspfad zog, zeigte sich erkenntlich und erbaute 1611 droben, schon nahe der Grenze, ein Waldhaus, ein Rasthaus für die Säumer. Bald kam weiter unten noch ein zweites hinzu. Nach und nach ließen sich hier immer mehr Siedler nieder. Es entstanden die Waldhäuser. – Jahrhundertelang hatten es die Waldleute da droben nicht leicht, sie lebten von Landwirtschaft und schnitzten Holzgebrauchsgegenstände, die sie verkauften. Heute sind es vorwiegend die Touristen, die etwas Geld bringen.
Die gesunde Höhenlage und der Blick über die Blumen-

wiesen zum Rachel sind vielleicht der größte Reichtum der Waldhäuser. Steigen wir also an den typischen Waldbauernhöfen vorbei hinauf zur Straße und auf ihr weiter bis zur Waldhausreibe (30 Min.). Von dort führt der *Böhmweg* direkt nach Norden der Grenze zu. Er ist der ehemalige Goldene Steig. – Wir folgen ihm nur bis zur Wegespinne, wo bei einer Unterstandshütte der Hauptwanderweg mit grünem Dreieck im weißen Grund zum Lusen abzweigt (45 Min.). Er wird hier auch *Zwölferlinie* genannt. Immer steiler werdend, geht er schließlich über in eine schier endlose Steintreppe, die sogenannte *Himmelsleiter*. Die Sage erzählt, daß sie einst einer, der ein schweres Verbrechen auf dem Kerbholz hatte, zur Sühne erbaut hat. Während wir uns die vielen Stufen hinaufmühen, bekommen wir den richtigen Eindruck von der Mächtigkeit des Blockmeeres, aus dem sich schließlich der 1373 m hohe Lusengipfel aufbaut (75 Min.): ein Anblick, wie ihn der ganze Bayerische Wald nicht mehr zu bieten hat. Und wenn wir ins Land hinaus schauen, sehen wir im Norden den Rachel mit dem Plattenhausenriegel – schwarz und breit wie ein riesiger Wal, der aus dem Meer der Wälder auftaucht. Im Osten liegen die Moore Böhmens mit dem hellgrünen Lusenfilz, überragt von den dunklen Grenzkämmen des Moorbergs und des Totenkopfs. Dann Wellen von Waldbergen mit lichten Blößen und den Häusern von Finsterau, Heinrichsbrunn und Hohenröhren. Und immer wieder Wälder! Wald und grüne Täler, so weit wir schauen können. – Auch der böhmische Urwaldberg Kubany steht rauchig im Nordosten. Nur an klaren, föhnigen Tagen schauen wir über die Donauberge weit in die bayerische Ebene hinaus bis zur fernen Alpenkette.

Das 1938 an Stelle einer abgebrannten, hölzernen Unterkunftshütte hart unter dem Gipfel errichtete und erst in neuerer Zeit modernisierte *Lusen-Schutzhaus* des Bayerischen Waldvereins (80 Min.) ist gut für eine Rast, aber schon wenn einer übernachten will, gibt es

meist Schwierigkeiten. Vorherige Anmeldung bei Übernachtung wird deshalb dringend empfohlen.
Der Abstieg führt uns nochmals über den Gipfel, dann der Markierung „Soldanelle" folgend, nordwärts über das Steinmeer und über Moos und Latschen hinunter zum historischen *Markfleckl* (95. Min.). Dort steht ein Grenzstein mit der Jahreszahl 1692. Bis vor kurzem markierte er noch die Landkreisgrenze zwischen Wolfstein und Grafenau. Heute hat er ausgedient. Diese Stelle war einst Dreiländereck zwischen Königreich Böhmen, Kurfürstentum Bayern und dem mächtigen Fürstbistum Passau.
Jetzt folgen wir (ohne Markierung) etwa 1300 m dem angenehmen Grenzpfad bis zu den *Blauen Säulen,* wo der Böhmweg einst die Grenze überschritt (120 Min.). Nur noch eine von den Blauen Säulen ist gegen das helle Lusenmoor sichtbar. Sie ist ein uralter Grenzstein aus der Zeit, als noch die Salzsäumer des Weges zogen.
Wir befinden uns in einem hochinteressanten Gebiet. Nicht nur der *Stangenfilz* und das *Hochgericht* sind in unmittelbarer Nähe, auch das *Teufelsloch* (Route 41), das sowohl vom Hochwalddistriktsteig, wie auch vom Oberen Horizontalsteig gequert wird, liegt nur 300 m westlich des Böhmwegs. Und da der 1200 m hohe Grenzkamm hier ganz flach ist, dürfen wir vermuten, daß der unterirdische Bach im Teufelsloch auch Wasser vom Lusenfilz führt. Wir können schon in Grenznähe vom *Böhmweg* unmittelbar rechts in die Senke einbiegen, die weiter westlich zum *Teufelsloch* wird. Dann überschreiten wir auf eine Entfernung von 500 m die beiden genannten Steige und gelangen vom *Oberen Horizontalsteig* auf steilem Weg direkt hinunter zur *Martinsklause* (150 Min.).
Nach *Waldhäuser* hätten wir jetzt drei Wege. Der kürzeste über den Lichtbuchetrücken (25 Min.), ein anderer, romantisch der Kl. Ohe folgend über die Fredenbrücke (50 Min.) und ein dritter über die von der Waldhausreibe kommende Straße (35 Min., insgesamt: 180 Min.).

43 Mauth – Steinbachklause – Lusen

Mauth – Steinbachklause – Tummelplatz – Großalmeyerschloß – Tummelplatz – Lusen. (s. Skizze S. 182)

Gehzeit: 3 Std. **Streckenverlauf:** leicht. **Höhenunterschied:** 600 m. **Erforderlich:** Karte, leichte Bergausrüstung. **Einkehrmöglichkeit:** Lusenschutzhaus.
Markierung: grünes Dreieck im weißen Grund.

Mauth – zwischen Reschwasser und Saußwasser auf langem Bergrücken gelegen – war schon früh ein wichtiger Ort an jenem Zweig des Goldenen Steigs, der von Freyung – vorbei an Kreuzberg – heraufzog und bei Buchwald ins Böhmische, nach Bergreichenstein, hinüberführte.
Der gemütliche Parkplatz am Reschwasser – die sogenannte Jägerbrücke – ist unser Ausgangspunkt. Der Weg (mit dem grünen Dreieck im weißen Grund) verläuft eine kurze Strecke auf einem Damm der ehemaligen Spiegelauer Waldbahn. Herrlich grüner Wald und murmelnde Wasser begleiten uns zunächst.
Dann rauscht der Steinbach, in dem wir heute noch die Verbauungen zum Triften der Blöcher sehen können, neben uns. Und schließlich treten wir hinaus in den Frieden der waldumsäumten *Steinbachklause* (55 Min.). Die ganze Schönheit dieses wundervollen Erdenfleckchens spiegelt sich im meist ungetrübten Wasser des Stausees. Der Weg windet sich durch schattige Waldhänge weiter hinauf zur Tummelplatzstraße. Von hier droben hat man eine prächtige Aussicht über das Reschbachtal hinüber zu den Bergdörfern Hohenröhren, Heinrichsbrunn und Finsterau.
Bald öffnet sich vor uns die Waldlichtung des *Tummelplatzes* (110 Min.). Der Name stammt aus der Zeit der

Weidewirtschaft. Hier konnte sich das Vieh „tummeln", wenn es gezählt und sortiert wurde. 5 Min. nördlich des heute nicht mehr bewohnten, aber der Nationalparkverwaltung gehörenden, stilechten Holzhauses ragt der rauhe Felsklotz des Hohlstein (1196 m), auch *Großalmeyerschloß* genannt, aus dem Wald auf. Wir sollten uns diesen kleinen, lohnenden Abstecher nicht entgehen lassen (120 Min.)!
Der Lusensteig führt vom Tummelplatz fast eben über Steine, Humus und Wurzeln durch düsteren Wald hinüber in das wunderschöne, urwaldähnliche Quellgebiet des Sagwassers und steigt dann (Route 45) in Serpentinen steil hinauf zum Winterweg, der von der Waldhausreibe heraufkommt. Von der Einmündung sind nur noch wenige Minuten bis zum Schutzhaus, und von da weitere 5 Min. zum Gipfel (180 Min.).
Der Rückweg nach Mauth kann entweder über den Finsterauer Steig und das Reschbachtal oder über Sagwasserklause, Sagwassersäge, Steinbachklause genommen werden (je 3 Std.). Diese Wege sind wie folgt markiert: Der Finsterauer Steig mit einer „Soldanelle", durch das Reschbachtal führt das Zeichen „Mischwald". Zur Sagwassersäge folgt man erst dem grünen Dreieck im weißen Grund, dann dem Zeichen „Farnblatt". Zur Steinbachklause führt der „Krebs" weiter. Dort sind wir wieder auf dem Aufstiegsweg mit dem grünen Dreieck im weißen Grund.

44 Der Lusen und die Klausen

Waldhausreibe – Himmelsleiter – Lusen – Markfleckl – Schwarzbachbrücke – Kirchelhütte – Schwarzbachklause – Reschbachklause – Siebensteinfelsen – Grenze bei Buchwald – Teufelsbachklause – Alte Klause – Reschbachtal – Lusensteig – Schwarzbachbrücke – Markfleckl – Lusengipfel – Waldhausreibe über Winterweg. (s. Skizze S. 182)

Gehzeit: 7 Std. 50 Min. **Streckenverlauf:** schwer. **Höhenunterschied:** rund 2000 m. **Erforderlich:** gute Kondition, Karte, Kompaß, Bergausrüstung. **Einkehrmöglichkeit:** Lusenschutzhaus.
Markierung: nur zum Teil markiert, siehe Text.

Diese Wanderung führt uns in eine entlegene Gegend, die erst durch den Nationalpark Leben erhielt, aber sie gibt uns einen tiefen Einblick in die waldgeschichtliche Entwicklung des Gebirges. Die Nationalparkverwaltung erklärt sie mit hölzernen Schrifttafeln. Imposant steht die Blockpyramide des Lusen gegen die Grenze und trennt den übrigen Bayerischen Wald vom einsamen, hochgelegenen Grenzwinkel von Finsterau. Dort liegen auf engem Raum mehrere Klausen. Wer aber glaubt, daß es sich hier um Einsiedeleien handelt, der irrt. Die Klausen in den hochgelegenen Waldtälern des unteren Bayerischen Waldes sind Schwellteiche, die im vorigen Jahrhundert unter Ausnützung natürlicher Gegebenheiten künstlich angelegt wurden und mit deren Wasser das Holz zu Tal getriftet wurde. Nur durchwegs ein gutes Jahrhundert währte ihre große Zeit. Heute verfallen die Schwellteiche langsam, gerade deshalb ist ihr Besuch so lohnend.
Ausgangspunkt der etwa 8stündigen Wanderung ist die *Waldhausreibe.* In 45 Min. besteigen wir über die *Himmelsleiter* (Route 42) den *Lusen.* Vom Gipfel steigen wir ab zum historischen *Markfleckl* und folgen dem romanti-

schen, mit einer Soldanelle bezeichneten Weg nach Finsterau durch herrlichen Wald bis zur Brücke über den *Kl. Schwarzbach* (75 Min.). Jenseits der Brücke halten wir uns ohne Markierung scharf links. Auf dem Hangweg durch das auffallend grüne Schwarzbachtal kommen wir nach gut 1000 m zur 1289 m hoch gelegenen *„Kirchelhütte“* (95 Min.). Wir finden aber weder Kirche noch Hütte. Es ist eine einstige Bergweide wie wir sie von den Schachten her schon kennen.
Zwischen Moorberg links und Steinfleckberg rechts führt der einsame Weg durch die Schwarzbachhänge abwärts. Wir hören Wasser rauschen. Es kommt immer näher, bis wir vor der schindelverkleideten Holzhütte der *Schwarzbachklause* stehen (125 Min.). – Von dem Schwellteich selbst ist nur noch die Staumauer, etwas unterhalb, zu sehen.
Auf dem „Lusenweg“ wandern wir durch stille Moorwälder weiter zur *Reschbachklause* (185 Min.). Sie ist ein dunkler 200 m langer Schwellteich mit 15 000 cbm Wasser und einer Tiefe von 5 m. Wir befinden uns hier ganz in der Nähe des Moldauursprungs. Keine 1000 m entfernt, unmittelbar jenseits der Grenze sickern ihre Wasser aus den nassen Wiesenhängen des Schwarzbergs. Hier beginnt aber auch der oft klammartige, wildromantische Lauf des Reschwassers, der zu den Sehenswürdigkeiten des unteren Bayerischen Waldes gehört.
Unser nächstes Ziel ist die Teufelsbachklause. Der Weg dorthin führt – einmal direkt auf der Grenzlinie – über den 1263 m hohen *Siebensteinkopf* mit seinen vielen Aussichtsfelsen (nach Nationalparkart gut beschildert!), und kreuzt danach – kurz vor der Grenze bei Buchwald – wieder einen Arm des einstigen Goldenen Steigs (Route 46). Die *Teufelsbachklause* erreichen wir in wenigen Minuten. Sie liegt mitten im Wald (245 Min.). Da die Schütze beschädigt ist, sind ihre 2000 cbm Wasser ausgelaufen. Ihr Verfall hat damit begonnen. – Wir folgen nun dem künstlich angelegten Schwellgraben, einer Meisterleistung der Klausenbaukunst, denn er bringt

Wasser vom oberen Reschbach 2½ km weit um den Berg herum in ein anderes Tal – zur Teufelsbachklause. Der Uferweg führt uns zur Jägerwiese, ein Fahrweg von dort zur Straße (Goldener Steig).

Jetzt gehen wir ohne Weg 400 m westwärts durch den Wald (Marschzahl 16) und kommen zur schon vor 100 Jahren aufgelassenen *Alten Klause* am Reschbach (285 Min.). – Nur hölzerne Schrifttafeln erzählen noch ihre Geschichte.

Bei ihr beginnt ein romantischer Waldweg, der rechts am Reschbach entlangläuft. Wir benützen ihn bis zur Brükke bei der Hacklsäge in 900 m Höhe (320 Min.) und folgen dann dem von Finsterau kommenden Fahrweg rechts in den Wald. Nach knapp 1500 m treffen wir im Tal des Schwarzbachs auf den *Lusensteig* (345 Min.). Zunächst noch harmlos, steigt er schließlich im Hochtal des Kl. Schwarzbachs steil und lange über fast 500 Höhenmeter durch großartigen Fichtenbestand empor zum *Markfleckl* und zum *Lusengipfel* (435 Min.). Über den Winterweg kommen wir wieder zum Parkplatz Waldhausreibe (470 Min.).

45 Sagwassersäge – Sagwasserklause – Lusen und zurück über Sulzriegel und Tummelplatz

Sagwassersäge – Sagwasserklause – Lusengipfel – Guldenstraß – Blaue Säulen – Markfleckl – Hoher Filzberg – Sulzriegel – Tummelplatz – Großalmeyerschloß – Sagwassersäge. (s. Skizze S. 182)

Gehzeit: 6 Std. **Streckenverlauf:** mittelschwer. **Höhenunterschied:** rund 1800 m. **Erforderlich:** gute Kondition, Karte, Kompaß, Bergausrüstung. **Einkehrmöglichkeit:** Lusenschutzhaus.
Markierung: nur teilweise markiert, siehe Text!

Vom Parkplatz an der Sagwassersäge (zwischen Informationszentrum Neuschönau und Mauth gelegen) steigen wir am Westufer des romantischen Wildbachs auf einem ehemaligen Bahndamm der Spiegelauer Waldbahn zunächst gemächlich direkt nach Norden (Nationalpark Markierung „Farn") bergan. Nach kaum einer Stunde sehen wir schon rechts zwischen Bäumen hindurch die hell schimmernde Wasserfläche der *Sagwasserklause.* Auf Holztafeln in der kleinen dazugehörigen Blockhütte lesen wir das Wesentliche über ihre Geschichte und über die Flora und Fauna dieses Tales.
Nun wird der Anstieg steiler, geht weiter am moorigen Talgrund des Sagwassers entlang bis in sein urwaldähnliches Quellgebiet, wo er in den Hauptwanderweg einmündet (95 Min.). Von hier an folgen wir der weißgrünen Dreiecksmarkierung zum Winterweg und weiter zum Lusen-Schutzhaus. Den echten Waldgeher hält es auf diesem Rummelplatz wahrscheinlich nicht, und er steigt gleich weiter auf zum Gipfelkreuz des Lusen. Nach kurzer Rast müssen wir über die vielen Stufen des Sommerwegs – auch Himmelsleiter genannt – hinunter zur Zwölferlinie und zur Blockhütte an der *Guldenstraß*

(Böhmweg) (150 Min.). Hier verlassen wir die Markierung „grünes Dreieck im weißen Grund“ und folgen dieser nördlichsten Führe der vier Goldenen Steige, die über Grafenau und die Waldhäuser heraufkam und über die Hochmoore von Pürstling und Mader Bergreichenstein erreichte, bis zur Grenze (170 Min.). – Das Gebiet links der Guldenstraß zur Grenze hin bis zum Rachel ist heute im Nationalpark Reservatzone, aber hochinteressant (siehe auch Route 42!). Der Grenzsteig und der ehemals so berühmte Hochwalddistriktsteig – beide heute verboten – führen direkt hinein. Wo der Steig auf die Grenze trifft, sehen wir noch eine der „Blauen Säulen“ – ehemalige Grenzmarkierungen, die heute bedeutungslos sind.
Jetzt folgen wir dem Grenzverlauf bis hinauf zum *Markfleckl* (200 Min.), einer ehemaligen Dreiländerecke zwischen Bayern, Böhmen und Passau mit einem Markstein von 1692, unmittelbar nördlich unter der Blockpyramide des Lusengipfels. – Auf dem Finsterauer Steig gehen wir ein Stück bergab, bis nach etwa 500 m (210 Min.) ein flacher Höhenrücken mit grünem Waldboden südostwärts ansteigt. Mit Marschzahl 36 steigen wir über ihn erst weglos, später auf sichtbarem Steig hinauf zum *Hohen Filzberg* (240 Min.). Wo der Weg in 1279 m Höhe leicht nach Süden schwenkt, erblicken wir links drunten eine einsame, romantische Bergweide. Der Weg zieht weiter durch unberührten Wald abwärts, überschreitet in 1200 m Höhe ein Naßgebiet (260 Min.), um gleich wieder zum 1260 m hohen, mit wuchtigen Felsenschiffen auf seinem Rücken bestückten *Sulzriegel* anzusteigen (280 Min.). Der Pfad endet am *Tummelplatz,* einer Lichtung mit Hütte, wo sich früher – zur Zeit der Bergweiden – das Vieh bei der Körung tummeln konnte (300 Min.).
Ein kleiner Abstecher führt uns in 5 Min. zum Hohlstein oder Großalmeyerschloß (1196 m), einem mächtigen Felsen mit guter Aussicht zum Lusen (310 Min.).
Etwa 200 m westlich der Hütte führt vom Hauptwanderweg zum Lusen die alte Tummelplatzstraße mit der

Nationalparkmarkierung „Blume" durch den Wald abwärts. Sie quert nach 1000 m einen eingeebneten Triftkanal und findet in einem lauschigen Wanderweg ihre Fortsetzung. An murmelnden Waldbächen vorbei kehren wir nach großartiger Wanderung wieder zum Parkplatz an der *Sagwassersäge* zurück (360 Min.).

Die Goldenen Steige

Kaum einer, der nicht schon vom „Goldenen Steig" gehört hat! Jeder denkt an den sagenhaften Handelsweg, der um das Jahr 1000, oder gar schon früher, aus dem Donautal durch das Waldgebirge nach Böhmen führte, und auf dem schwer beladene Salzfuhrwerke ostwärts zogen. –
Und jeder wird überrascht sein, wenn er hört, daß es damals zwischen Lusen und Dreisessel noch keinen Goldenen Steig gab. Der Name taucht hier erst im 13.–14. Jahrhundert auf. Er bezeichnet nicht einen bestimmten Weg, sondern in erster Linie das einträgliche Tauschgeschäft von Salz gegen andere Waren und die beträchtlichen Einnahmen des Landesherrn durch die vielen, an mehreren Wegen liegenden Mautstellen. Auf diesen Wegen fuhren auch keine Wagen. Es schritten vielmehr Tragtiere und Säumer schwer bepackt über holperige, mit Reisigbündeln „gepflasterte" Pfade, die nur selten durch die morastigen Täler, aber fast immer über waldige Bergrücken führten.
Es ist wenig bekannt, daß ursprünglich ein Weg als „Goldener Steig" bezeichnet wurde, der ganz woanders verläuft, als man dies heute annimmt. Es war der heute historisch als *„Bayernweg"* bezeichnete Handelssteig, der von Deggendorf über die Rusel, den Weißenstein, Schweinhütt nach Zwiesel und über Zwieselau, Lindberg, den Kl. Deffernik aufwärts zum Sandel (Route 29) und zum böhmischen Hurkental hinüberführte. Er mag der älteste Steig über das Gebirge gewesen sein.
Um das Jahr 1012, als der Niederaltaicher Benediktinermönch Gunther – ehemaliger thüringischer Adeliger und Ritter, später ein Heiliger – das Kloster Rinchnach gründete, schlug er mit seinen Mönchen den *Gunthersteig,* der von Niederaltaich über Auerbach, Kirchberg, Rinchnach, Bärnzell und von da mit dem Bayernweg vereinigt

nach Zwiesel zog, um sich danach in Zwieselau wieder von ihm zu trennen. Über Spiegelhütte, Scheuereck, Steindlberg überwand er die Grenze (Route 34) und hatte Stubenbach und Schüttenhofen zum Ziel. Auch dieser Weg, der aber mit den Goldenen Steigen nicht verwechselt werden darf, hat ein ehrwürdiges Alter und wurde in seiner Anlage Vorbild für andere europäische Handelswege der damaligen Zeit. Vor allem die Knüppeldämme und die Brücken aus quer gelegten Rundhölzern in einem festen Rahmen waren eine bahnbrechende Erfindung des hl. Gunther.
Heute versteht man unter dem „Goldenen Steig" einen anderen Weg. Selten weiß einer mehr, als daß er von Passau kam und zwischen Lusen und Dreisesselberg die Grenze überschritt. Aber auch dies waren in Wirklichkeit vier Wege. Ihre verschiedenen Zweige sind noch genau bekannt, und ihre Anlage ist sogar an vielen Stellen noch sichtbar.
Von Passau über Grubweg, Salzweg, Straßkirchen, Leoprechting bis Außernbrünst waren sie vereinigt. Von dort zweigte der *Prachatitzer Salzsteig* rechts ab, stieg über Waldkirchen, Böhmzwiesel, Fürholz, Grainet zum 1167 m hohen Haidel empor und erreichte auf langem Bergrücken über das heute wieder vom Wald zurückeroberte Leopoldsreut, über Bischofsreut und Marchhäuser die Grenze und Böhmisch Röhren. Er ist auf weite Strecken noch in seiner Urform sichtbar, und sogar die Grenzbrücke ist noch erhalten.
Von Außernbrünst über Röhrnbach bis Freyung hatten die übrigen Steige eine gemeinsame Trasse. Es mag um das Jahr 1356 gewesen sein, als ihre Bedeutung derjenigen des Prachatitzer Salzsteigs allmählich gleichkam. Einer von ihnen, der *Winterberger Steig,* lief über Hinterschmieding, Herzogsreut, Philippsreut, ein anderer, der Gfilder- oder Bergreichensteiner Weg über Kreuzberg, Mauth und auf dem 1000 m hohen Bergrükken von Finsterau zur Grenze. Beide Übergänge sind mit dem Auto heute noch leicht zu erreichen. Während Philippsreut wieder regulärer Grenzübergang ist, star-

ren von Buchwald nur noch eine grasige Hangfläche, Drahtverhau und ein besetzter Wachturm über den Grenzbach herüber.
Der vierte dieser Steige machte von sich reden, als Grafenau 1976 die 600jährige Stadtgründung feierte. Er führte von Freyung nach Grafenau und über St. Oswald und die Waldhäuser (Route 44) am Lusen vorbei, ebenfalls hinüber nach Bergreichenstein. Grafenau verdankte ihm Bedeutung und Reichtum. Es hat droben am Lusenhang den Säumern aus Dankbarkeit ein Rasthaus gebaut – ein Waldhaus – aus dem sich die Gemeinde Waldhäuser entwickelte.

46 Fahrt zu den „Goldenen Steigen“

Autofahrt durch den Bayerischen Wald mit Ortsbesichtigungen: Zwiesel – Weißenstein – Rinchnach – Waldhausreibe – Stangenfilz – Finsterau – Grenze – Philippsreut – Grenze – Bischofsreut – Grenze.
Zeit: rund 8–10 Std. (Gehzeit rund 3 Std.) **Streckenverlauf:** leicht. **Erforderlich:** Karte.

Heute noch können wir die Linienführung der Goldenen Steige ausmachen.
So stehen wir beispielsweise an der Regenbrücke in *Zwiesel* an einem Ort, wo Bayernweg und Gunthersteig auf gut 5 km vereinigt waren. Wenn wir über Schweinhütt – Regen zur Burgruine *Weißenstein* hinüberfahren und ihren Turm besteigen, bekommen wir einen lebendigen Eindruck von ihrer beherrschenden Lage als Zwingburg der Grafen von Bogen am Bayernweg.
Rinchnach, ehemaliges Benediktinerkloster und bedeutender Ort am Gunthersteig, liegt fast am Weg, wenn wir über Eppenschlag, Spiegelau, Waldhäuser zur Waldhausreibe fahren. Wir sollten uns die prächtig ausgestattete Klosterkirche aus dem Jahr 1727 anschauen. Schon 1019 wurde hier die erste Kirche geweiht. – Vom Parkplatz *Waldhausreibe* folgen wir zu Fuß der alten Guldenstraß (Böhmweg) bis zu den Blauen Säulen am *Stangenfilz* (20 Min.). Der Grafenauer Zweig des Goldenen Steigs überschritt hier die Grenze (Route 42).
Die Weiterfahrt nach Süden zum Informationszentrum und durch den Nationalpark nach Mauth bringt uns zum *Finsterauer Zweig.* Es ist landschaftlich ungemein reizvoll, auf dem Höhenweg über den langen Bergrücken zwischen Reschwasser und Saußwasser bis zur verlassenen Grenze bei Buchwald zu fahren (Route 44).
Die Straße von Mauth über Hinter-, Mitter- und Vorderfir-

miansreut schlängelt sich erneut durch ein herrlich einsames Waldgebiet mit schönen Ausblicken nach Böhmen. Sie führt uns nach *Philippsreut* zu einem weiteren Goldenen Steig. Dort ist auch heute wieder der Übergang offen.
Schließlich erreichen wir nach weiteren 6 km *Bischofsreut,* wo der heute offiziell mit „Goldener Steig" bezeichnete Prachatitzer Salzsteig noch gut sichtbar über die Höhen zieht. Ob man ihm zu Fuß von Bischofsreut durch den Wald bis zum verfallenen Dorf Leopoldsreut folgt (60 Min.), oder ob man in Marchhäuser (mit dem Auto erreichbar!) auf die schon wieder vom Wald überwucherte Grenzbrücke hinunterschaut – man unterliegt der Ausstrahlung dieses 1000jährigen Weges, wenn man sich nur mit entsprechender Fantasie die historischen Hintergründe zu vergegenwärtigen weiß.
Als im 17. Jahrhundert Österreich Zölle auf bayerisches Salz zu erheben begann und im 18. Jahrhundert die Einfuhr ganz verbot, erlahmte der Handel über die Grenze. Der Steig – besser gesagt: Die Steige – verfielen. Sagen und Legenden aber werden sie lebendig halten für alle Zeit.

47 Grainet – Haidel – Leopoldsreut – Bischofsreut – Harlandbachbrücke

Grainet – Obergrainet – Haidel – Leopoldsreut – Sulzberg – Bischofsreut – Marchhäuser – Harlandbachbrücke. (s. Skizze S. 202)

Gehzeit: 2 Std. 30 Min. **Streckenverlauf:** leicht, Spaziergang. **Höhenunterschied:** 430 m. **Erforderlich:** Karte. **Einkehrmöglichkeit:** Bischofsreut.
Markierung: schlecht markiert, gut beschildert.

Die wenigen Leute, die in Grainet Bescheid wissen über den Verlauf des Goldenen Steiges, weisen nach der Straße, die von der alten Kirche nach Norden zieht. Sie haben bestimmt recht, denn auch die heute noch sichtbare Schanze nördlich von Au deutet darauf hin. Aber wenn man die Gegend, die Karte und alte Schriften vergleicht, dann gab es mindestens zwei, wahrscheinlich aber vier Führen des mittelalterlichen Handelsweges von Grainet hinauf nach Leopoldsreut, zwei links am Haidel vorbei und zwei über seinen flachen Gipfel. Sie vereinigten sich alle wieder bei einem Punkt 1125 vor Leopoldsreut.
Da die Aussicht vom Haidel unbedingt lohnend ist, sollten wir bis zum Wanderparkplatz am Wald nördlich *Obergrainet* fahren (über Freyung!) und dort entweder den Wegweisern folgen (nordostwärts führende Straße) oder den vom Parkplatz ausgehenden Waldweg nehmen, der nach 10 Min. zum Knie einer Waldstraße führt, sie 100 m aufwärts gehen und die dort stehenden Wegweiser beachten. Sie zeigen uns den Aufstiegsweg.
Unverkennbar geradlinig und im Untergrund mit Stein befestigt zieht er durch den düsteren, grasigen Bergwald hinauf. In 40 Min. haben wir den *Haidel* – einen hervorragenden Aussichtsberg erreicht. Vom 25 m ho-

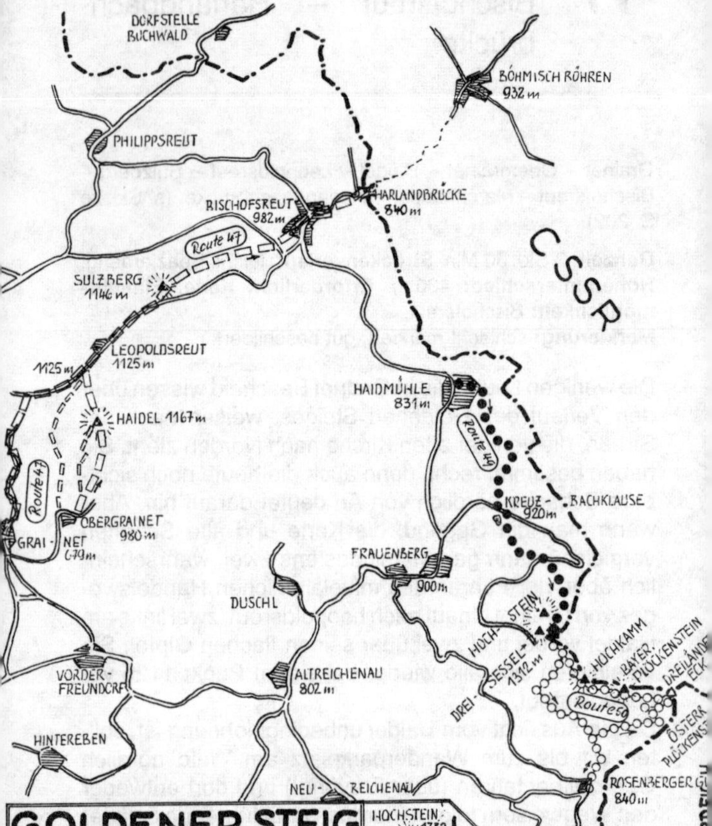
DORFSTELLE BUCHWALD
BÖHMISCH RÖHREN 932 m
PHILIPPSREUT
BISCHOFSREUT 982 m
HARLANDBRÜCKE 840 m
CSSR
Route 47
SULZBERG 1146 m
LEOPOLDSREUT 1125 m
1125 m
HAIDEL 1167 m
HAIDMÜHLE 831 m
Route 49
KREUZ 920 m
BACHKLAUSE
OBERGRAINET 980 m
GRAI-NET 679 m
FRAUENBERG 900 m
DUSCHL
HOCH-STEIN
DREI-SESSEL 1312 m
HOCHKAMM
BAYER. PLÖCKENSTEIN
DREILÄNDER ECK
Route 50
ÖSTERR. PLÖCKENSTEIN
VORDER-FREUNDORF
ALTREICHENAU 802 m
HINTEREBEN
ROSENBERGER GUT 840 m
NEU-REICHENAU
LACKENHÄUSER
GOLDENER STEIG
Route 47 GRAINET-LEOPOLDSREUT
DREISESSEL
Route 48 RUNDWANDERUNG
Route 49 VON HAIDMÜHLE
Route 50 V. ROSENBERGER GUT
2 km
HOCHSTEIN 1332
3. SESSEL 1312 m
Route 48 DREISESSEL-RUNDWANDERU
HOCHKAMM 1330 m
PLÖCKENSTEIN 1363 m
3-LÄNDER ECK
STEIN-MEER
ÖSTERR. PLÖCKEN
0
1 km

hen Holzturm, den der Bayerische Waldverein errichtet hat, bietet sich eine wundervolle Aussicht vom Rachel bis zu den Alpen und von den böhmischen Bergen Kubany und Schreiner bis zum Brotjacklriegel und zur Oberbreitenau. Das anmutige Abteiland mit den grünen Tälern und hochgelegenen Bischofsorten – wie Waldkirchen – der rauhe, dunkelwaldige Bayerwald-Hauptkamm, Böhmen und das Dreisesselgebirge – alle Schönheiten und Gegensätze des Waldlandes liegen rund um uns ausgebreitet. Von hier sehen wir auch die Grenzübergänge der Goldenen Steige.
Der Prachatitzer Salzsteig zieht nun weiter durch wilden, vergrasten Wald nach Norden zu der Stelle, wo noch vor 30 Jahren die letzten Häuser des sterbenden Dorfes Leopoldsreut standen (70 Min.). Die extreme Höhenlage (1100 m), lange Winter, dürftiges Einkommen und das lockende bessere Leben in den Tälern ließen die Bewohner abwandern. Heute ist nur noch die Kirche zu sehen und ein Haus, dessen Fenster vernagelt sind. – Dann führt der einstige Handelsweg links in den Wald hinein, gesäumt von Felsen und hohen Fichten. Er läuft über den Sulzberg, behält immer seine Richtung und sieht aus, als läge er in einem Dornröschenschlaf und träume.
Wir kommen nach *Bischofsreut* (130 Min.), wo der Goldene Steig mit der heutigen Hauptstraße eins war, gehen weiter und erreichen talwärts durch den unteren Ort die steinerne Harlandbachbrücke, wo er die Grenze überschreitet und sich drüben im waldigen Hang verliert (150 Min.).

Das Dreisessel-Gebirge

Der Dreisesselberg hat keinen Gipfel wie die anderen Bayerwaldberge. Er hat ein breites, walddunkles Haupt, auf dem eine 5zackige Krone sitzt. – Hochstein, Dreisesselfels, Hochkamm, Bayerischer und Böhmischer Plöckenstein sind die Zacken der Krone, und dazwischen blitzen zahlreiche Kostbarkeiten auf, wie das wandererfreundliche Dreisesselschutzhaus mit seinen kuriosen Grenzverhältnissen, das Steinerne Meer, welches uns an die Jahrhunderttausende der erdgeschichtlichen Entwicklung gemahnt, das Dreiländereck, dieser magische Punkt, der schon immer die Menschen faszinierte, und der geheimnisvolle, für uns heute unerreichbare Plöckensteinsee, von dem Adalbert Stifter sagte: „. . . wie eine versteinerte Träne, gefaßt von der Braue des Urwalds". Jener Stifter, der im Rosenberger Gut, zu Füßen des Berges, seine erholsamen und schöpferischen Urlaube verbrachte und seine berühmten Werke „Hochwald" und „Witiko" schrieb. –

Der einzigartige Wald des Dreisessel, seine lauschigen Steige, der verträumte See, die eigenartigen Felsentürme, der Blick von den aufgerissenen Bergflanken und von den Trümmern des Plöckensteins über die Lackenhäuser auf das Rosenberger Gut und in die historisch so interessante „Neue Welt" sind durch Stifter vor mehr als 100 Jahren schon bis in die vornehmen Kreise hinein zum viel umschwärmten Idealbild vom „tiefen Böhmerwald" geworden.

Wenn auch die 10 Min. unterhalb des Schutzhauses endende Adalbert-Stifter-Straße täglich Hunderten von Menschen den Besuch erleichtert – die weiter vom Parkplatz entfernten Sehenswürdigkeiten und die herrlichen Wälder sind fast menschenleer geblieben. –

In den weiten Bergwäldern des Dreisesselgebirges gesundet heute noch manch kranke Seele lärm- und unrastgeplagter Menschen.

Die gebräuchlichsten Aufstiege

Von Haidmühle

Über Kreuzbachklause – zum Schutzhaus (Markierung: grünes Dreieck im weißen Grund – siehe Route 49!)

Von Frauenberg

1. Adalbert-Stifter-Straße – Parkplatz – Schutzhaus (beschildert)
2. zwei verschiedene Fußwege zum Schutzhaus (Markierung: rotes Band im weißen Grund, roter Punkt im weißen Grund)

Von Altreichenau

Über Michelsklause – Klausgupf – zum Schutzhaus (Markierung: rotes Dreieck im weißen Grund)

Vom Rosenberger Gut

Über den Witikosteig – zum Schutzhaus (Markierung: grünes Dreieck im weißen Grund – siehe Route 50!)

Es handelt sich fast durchwegs um mäßig bis sehr steil ansteigende Waldwege, stellenweise stark aufgerissen und steinig, aber anregend und nicht zu lang. – Eine Bergfahrt zum Dreisesselberg gewinnt wesentlich an Reiz, wenn Auf- und Abstieg mit der etwa 3stündigen Rundwanderung nach Route 48 verbunden werden.

48 Dreisessel-Rundwanderung

Schutzhaus – Dreisesselfelsen – Hochstein – Steinernes Meer – Dreiländereck – (Böhmischer Plöckenstein) – Bayerischer Plöckenstein – Hochkamm – Schutzhaus. (s. Skizze S. 202)

Gehzeit: 3 Std. **Streckenverlauf:** leicht: **Höhenunterschied:** rund 300 m. **Erforderlich:** leichte Bergausrüstung, Karte, etwas Körperbeherrschung. **Einkehrmöglichkeit:** Dreisesselhaus.
Markierung: zum Hochstein grünes Dreieck im weißen Grund, zur Dreiländerecke blaues Band im weißen Grund. Rückweg: Grenzverlauf.

Das 1888 erbaute Dreisesselschutzhaus lebt schon immer mit der Grenze. Sein Zugang für Fahrzeuge führt über tschechisches Gebiet, das mit schmalem Streifen bis an die Dreisesselfelsen heranreicht. Wenn wir zwischen Grenzstein und Felswand durchgehen, finden wir gleich den Aufstieg zum *Dreisesselfelsen.* Schon die mehlsackartig übereinandergeschichteten Steinblöcke erregen unsere Aufmerksamkeit. Aber die drei ebenmäßigen Sesselmulden in der Zinne des Gipfels sind eine echte Überraschung. Die Sage weiß sie zu deuten: Hier sollen einst die Herrscher der drei angrenzenden Länder zusammengesessen sein, um über Wohl und Wehe ihrer Untergebenen zu entscheiden – die Sesselmulden sind noch zu sehen.
Der Blick von diesem Felsenturm geht weit übers Land der Goldenen Steige nach Norden, wo schon fern und klein die Berge des Grenzkamms stehen, und nach Süden über das einstige Abteiland, das erst spät vom Menschen in Besitz genommen wurde und heute noch „Die Neue Welt“ genannt wird. Wieder dominiert der Wald, und aus den hochgelegenen, grünen Tälern grüßen nur vereinzelt Dörfer herauf.
Bevor wir unseren Rundgang beginnen, ersteigen wir

noch den rund 15 Min. entfernten *Hochstein* (gut beschildert), der sich links des Weges nach Haidmühle über den Wald erhebt. Der Blick von seiner Felsenburg ist noch umfassender. Er reicht bis weit nach Böhmen hinein. (Für Dreisessel und Hochstein zusammen müssen wir 40 Min. veranschlagen.)
Jetzt wandern wir vom *Schutzhaus* die Straße abwärts und verlassen sie nach 300 m links auf dem zum Rosenberger Gut führenden Witikosteig. Er ist der Hauptwanderweg mit dem grünen Dreieck im weißen Grund. Schon nach weiteren 100 m zweigen wir erneut links ab. Ein steiniger, manchmal nasser, wurzeldurchsetzter Waldsteig (markiert mit blauem Band im weißen Grund) bringt uns durch einen immer schöner werdenden Baumbestand hinüber zum *„Steinernen Meer“* (90 Min.).
Schon wenn die ersten hellen Felsblöcke sichtbar werden, verweilen wir sinnend. Noch einige Schritte, und die Überraschung ist vollkommen. Der Berg scheint aufgerissen zu sein. Tausende von Gesteinstrümmern sind wild durcheinandergeworfen. Die Schwefelflechte läßt sie – wie den Lusengipfel – gelblich-grün in der Sonne leuchten. Eine 150 m breite und viele hundert Meter lange Blockhalde, eingerahmt von dunklem Wald, hängt am Berg und zieht hinauf bis zum Kamm. Wir springen von Stein zu Stein. Wald nimmt uns wieder auf, und neue Felshalden, noch imposanter und bergwärts nicht abzusehen.
Pfeiler, Mauern, Platten und Dächer schieben und schachteln sich ineinander, bis hinauf zum Bayerischen Plöckenstein. Aber zunächst treffen wir auf den von rechts heraufkommenden Seesteig, der uns zum *Dreiländereck* führt (110 Min.). Von hier gehen wir den Bärensteig der Grenze entlang über den Gipfel des *Bayerischen Plöckensteins* und über den felsigen *Hochkamm* zum Schutzhaus zurück (180 Min.). Auf diesem Weg liegt Firn bis in den Juni hinein.
Der Bayerische Plöckenstein mit seinem Felsenmeer wird zum Erlebnis. Er gewährt einen prächtigen Tiefblick

zum Rosenberger Gut und in das grüne Waldland. Über Täler und Berge hinweg, der österreichischen Grenze entlang, schauen wir gegen Wegscheid und zur Donauniederung. Im Südosten drängen sich viele schwarze Waldbuckel gegen die helle Ebene. Sehenswert sind die Felsformationen des Hochkamms, die wie Burgen aus dem Wald aufragen.

49 Haidmühle – Kreuzbachklause – Dreisessel

Haidmühle – Marienkapelle – Kreuzbachklause – Dreisesselhaus. (s. Skizze S. 202)

Gehzeit: 2 Std. **Streckenverlauf:** mittelschwer. **Höhenunterschied:** 500 m. **Erforderlich:** Karte, leichte Bergausrüstung. **Einkehrmöglichkeit:** Dreisesselschutzhaus.
Markierung: grünes Dreieck im weißen Grund.

Es ist etwas Eigenartiges um das Grenzdorf *Haidmühle.* An der Kalten Moldau gelegen – die schnell nach Böhmen enteilt– gehört der Ort schon zum Flußgebiet der Elbe. Die Bahn, die einst die Donauniederung mit dem Moldautal verband, ist abgebaut. die nur teilweise vollendeten gigantischen Hotelblöcke harmonieren nicht mit den kleinen Berglerhäuschen und dem gedrungenen Kirchturm. Auffallend still sind die Straßen. Es scheint, als wäre die Stille der Wälder bis in den Ort gedrungen.
Wenn wir von der Kirche ab dem Hauptwanderweg folgen, finden wir bald rechts des Weges im dichten Wald – gut angelegt – die *Kapelle* zur „Madonna vom Eisernen Vorhang" (15 Min.). Sie scheint uns wie ein Notschrei der Grenzbevölkerung, denn außer Waldwirtschaft und Fremdenverkehr kann hier wenig zur Existenz beitragen.
Nach gut 40 Min. queren wir die Adalbert-Stifter-Straße, die in Serpentinen fast rund um den Berg bis in Gipfelnähe führt, und erreichen den dunklen Schwellteich der *Kreuzbachklause,* eine recht kühle Badegelegenheit (55 Min.).
Beim hölzernen Schwellhäusl beginnt der erst sehr moorige, dann aber immer steiler und steiniger werdende Aufstieg zum *Dreisessel.* Er überwindet im grünen Dämmerlicht über 300 m Höhenunterschied. Stellenweise ist er so steil, ausgeschwemmt und wild, daß er

dem Bett eines Wildbachs gleicht. Es ist ein mühseliger Aufstieg, doch die mächtigen Fichten am Hang, wie auch die Ausblicke über die Wälder lassen uns alle Mühen vergessen. Noch einmal queren wir die Adalbert-Stifter-Straße. Als endlich der Weg in die Horizontale übergeht, atmen wir auf, denn wir haben das Plateau erreicht, welches sich wie eine weite Kappe über das Gebirge spannt. – Das grüne Dreieck führt uns in wenigen Minuten am waldverdeckten Hochstein vorbei zum Schutzhaus am Fuß des *Dreisesselfelsen* (120 Min.).

50 Rosenberger Gut – Dreiländereck – Dreisessel und zurück auf dem Witikosteig

Rosenberger Gut (über Neureichenau erreichbar) – Witikosteig – Seesteig – Steineres Meer – Dreiländereck – Hochkamm/ Plöckenstein oder Nordwaldkammweg/Steinernes Meer – Dreisesselhaus – Witikosteig – Rosenberger Gut. (s. Skizze S. 202)

Gehzeit: 3 Std. 25 Min. **Streckenverlauf:** leicht. **Höhenunterschied:** rund 1150 m. **Erforderlich:** Karte, leichte Bergausrüstung. **Einkehrmöglichkeit:** Dreisesselhaus.
Markierung: grünes Dreieck im weißen Grund, grünes Band im weißen Grund, blaues Band im weißen Grund, grünes Dreieck im weißen Grund.

Das Gebiet südlich des Dreisesselberges nennt man die „Neue Welt", da es erst relativ spät, Ende des 17. Jhs., besiedelt wurde. Viel Ursprünglichkeit liegt deshalb noch in der Anlage der Ortschaften. Stolz stehen die zahlreichen Lackenhäuser in den Rodungslücken der unteren Dreisesselhänge, die als dunkle Kulisse hinter der Zivilisationsgrenze aufsteigen. Eines von ihnen ist das Rosenberger Gut, in dem der aus Oberplan stammende Dichter des Böhmerwaldes, Adalbert Stifter, von 1855–1866 wiederholt glückliche Tage verlebte. Wir können es ihm nachfühlen, wenn er, angesichts der mächtig aufsteigenden Hänge des Dreisesselberges und tief beeindruckt vom Erleben, zum höchsten Lob für diesen Wald fand.
Der Aufstieg vom *Rosenberger Gut* über den Witikosteig ist einsam, obwohl wir uns auf der südlichsten Etappe des Hauptwanderweges mit der Markierung „grünes Dreieck im weißen Grund" befinden. Vom Wanderparkplatz nördlich des Rosenberger Gutes steigen wir im Schatten des Waldes – am Mahnmal der Böhmerwäldler

vorbei – hinauf in den Berg. Sofort umfängt uns die vielstimmige Melodie des Waldes. Der ungebärdige Riedelsbach rauscht neben uns und kommt uns – weiter oben sogar auf dem ausgeschwemmten Weg – entgegen (der z. Z. vom Holzreißen stark in Mitleidenschaft gezogen ist).
Nach 20 Min. kommen wir zu einem weiß-blauen Wegweiser, der noch vor einigen Jahren hinüberzeigte zum heute nicht mehr erreichbaren Plöckensteinsee und noch bis vor kurzem das aus dem vorigen Jahrhundert stammende gußeiserne Schild „Seesteig" trug. Heute fehlt es – vielleicht mutwillig zertrümmert oder als Souvenir mitgenommen?
Hier verlassen wir den Witikosteig. Der Seesteig bringt uns mit „grünem Band im weißen Grund" markiert über felsendurchsetzte Hänge zur österreichischen Grenze (50 Min.). Er zeigt uns, daß der ganze Berg aus Millionen von Felsblöcken besteht, die oft wie eine angestaute Lawine über uns hängen. Nur notdürftig konnte sie der Wald mit Humus überdecken. Trotzdem finden auf ihnen wahrhaft königliche Tannen und Fichten Halt. Nelken blühen im Sommer lilarot am Weg. Unter den turmhohen Bäumen wird uns bewußt: dies ist wirklich der Hochwald Adalbert Stifters.
Wir nehmen jetzt den Serpentinenweg zum Steinernen Meer (60 Min.), betreten es aber nicht, sondern gehen weiter zum *Dreiländereck* (75 Min.). Hier liegt bis in den Juni hinein noch Schnee. Die Überschreitung des Hochkamms ist um diese Zeit zwar möglich, aber beschwerlich. Aber auch der meist feuchte Nordwald-Kammweg, der das Steinerne Meer quert, bringt uns zum *Dreisesselhaus.* (In der schneefreien Zeit ist der Bärensteig über den Hochkamm vorzuziehen, weil er über den Aussichtsgipfel des Bayerischen Plöckensteins führt, der gleichzeitig oberster Punkt des Steinernen Meeres ist.)
Der schöne, felsige Wanderweg mit morastigen Stellen zieht ohne nennenswerte Höhenunterschiede in 70 Min. zum Schutzhaus (145 Min.). 300 m davor vereinigt er

sich mit dem Witikosteig und gleich danach münden beide in die Adalbert-Stifter-Straße. Der Gasthof ist jedem Ansturm von Gästen gewachsen. Es gereicht aber den Wirtsleuten zur Ehre, daß sie auch den Wanderer noch gerne sehen.
Der *Dreisesselfelsen* und der nur 15 Min. entfernte Hochstein als ausgezeichnete Aussichtsgipfel, und die kuriose Grenzziehung sind weitere Sehenswürdigkeiten des Berges. – Der Hochstein gilt als eine Art Wallfahrtsfelsen der Böhmerwäldler, denn von ihm geht der Blick in die grünen Hochtäler von Wallern und Eleonorenhain, und die böhmischen Urwaldberge Kubany und Schreiner schauen schwarz herüber.
Auf dem *Witikosteig* kehren wir wieder, in einer guten Stunde, zum *Rosenberger Gut* zurück (205 Min.).

Wer diese 50 Routen gegangen ist, kann sagen, daß er den Bayerischen Wald kennt und ihn in seiner ganzen wilden Schönheit erwandert hat. – Aber es gibt einen Weg, der in Waldmünchen (Furth i. Wald) beginnt und den Hauptkamm von Nordwest nach Südost der Länge nach überschreitet bis zum Dreisesselberg, ein Weg, den ich als die „Hohe Route" des Bayerischen Waldes bezeichnen möchte. Er ist der Traumweg aller Kenner des Gebirges und fällt streckenweise mit dem Hauptwanderweg zusammen. Die von mir vorgeschlagene Route erschließt aber noch vollkommener die landschaftlichen Schönheiten des Waldgebirges als er.

Die „Hohe Route“ des Bayerischen Waldes

Furth i. Wald – Hohenbogen – Kaitersberg – Arber – Osser – Zwercheck – Arber – Falkenstein – Hochschachten – Rachel – Lusen – Dreisesselberg oder Nationalpark (9 Tage).

1. Tag: Furth i. Wald – Kötztinger Hütte (siehe auch Routen 1, 2, 3, 7, 10, 11).
Einkehrmöglichkeit: Diensthütte-Hohenbogen, Schönbuchen, Reitenberg.

Wir verlassen Furth i. Wald über die Wutzmühle auf dem nördlichen Hauptwanderweg (grünes Dreieck im weißen Grund). Er steigt durch den Wald zügig an über Grasmannsdorf, Grub. Von den freien Hängen bietet sich ein schöner Rückblick über die Further Senke und hinüber nach Eschlkam. Im Osten ragen die beiden Osserspitzen auf. Vor uns steht der turmgekrönte Hohenbogen. Im Wald hinter Grub folgen wir der mit „weiß-rot, S 1“, markierten Abzweigung nach links, die zum Steinbruch führt. Dabei verlassen wir den Hauptwanderweg. Wenn wir aus dem Wald treten, liegt vor uns das idyllische Wiesental von Sengenbühl (60 Min.), das vom mächtig aufsteigenden Burgstall beherrscht wird. Durch das Dorf jenseits des Katzenbachs, oder vorbei am Kirchlein von Enklarn wandern wir ohne Markierung, aber mit guter Sicht auf den Burgstall-Hohenbogen über die freien Hänge hinauf zum Weiler Oberdörfl am Fuß des Berges (85 Min.). Ein steiniger, wasserüberspülter Weg führt von der Kapelle dem Bergwald zu. Wo Quellwasser aus dem Berg tritt, wird er sehr steil. Nach anstrengendem Aufstieg kommen wir auf eine grasige Bergschulter, die „Kleine Eben“ (120 Min.). Dort ist der Weg z. Z. stark verwachsen, führt aber 100 m danach „weiß-rot, F 3“, markiert zur Diensthütte weiter. Davon zweigt rechts ein markierter, schmaler Pfad ab, der über Felsbrocken zum

Burgstall emporzieht, einem hervorragenden Aussichtsgipfel (135 Min.). Hier treffen wir wieder auf den Hauptwanderweg (mit grünem Dreieck im weißen Grund).
Wo sich heute der 90 m hohe UKW-Sender erhebt, stand vor 800 Jahren die Burg eines Albrecht von Bogen, deren Grundmauern noch vorhanden sind. Nur 35 Min. weiter finden wir in einem grünen Bergsattel unter hohen Bäumen die Diensthütte (170 Min.). Von dort folgen wir dem grünen Dreieck hinunter ins Tal des Weißen Regen nach Watzlsteg, steigen wieder hinauf nach Schönbuchen (260 Min.), einem kleinen Bergdorf mit Wirtshaus und Wallfahrtskirchlein, und kommen schließlich nach Reitenberg, einer interessanten Streusiedlung hoch am Berg (300 Min.).
Der Aufstieg zum Kaitersberg beginnt. Bald schauen links durch den Wald graue Felsen auf uns nieder. Wo sie am höchsten sind und mächtige Blöcke den Weg verlegen, finden wir die Heiglhöhle, in der sich einst der volkstümliche Räuber Heigl über ein Jahrzehnt verborgen gehalten hat. – Nach weiteren 15 Min. stehen wir auf dem Kreuzfelsen, einem kühnen Felsgipfel mit prächtiger Aussicht (345 Min.). Der Weiterweg zum Mittagsstein verläuft über den Grat. Die Kötztinger Hütte ist unser Tagesziel (375 Min.).

2. Tag: Kötztinger Hütte – Gr. Arber (siehe auch Routen 7, 8, 10, 13, 14, 19)
Einkehrmöglichkeit: Berggasthof Eck, Schareben

Wenn im Osten über dem Osser groß der rote Feuerball der Sonne emporsteigt, brauen im dunklen Lamer Winkel und im Zellertal meist noch die Nebel, aber die Berge beginnen schon zu leuchten.
Wir haben die Wahl, entweder das Frühstück abzuwarten (etwa 7.00 Uhr), oder nüchtern im ersten Sonnenlicht dem grünen Dreieck im weißen Grund folgend über die wilden Felsen des Berges fast 2 Std. weiterzuwandern und erst im Berggasthof Eck zu frühstücken.

Wenn wir von den schroffen Felsabstürzen des Steinbühler Gesenkes zurückschauen, sehen wir erst, wie hoch die Kötztinger Hütte über den abschüssigen Hängen thront. Der Blick über die Wälder ins Zellertal ist erhebend. Auf dem Grat sind über eine Strecke von 1000 Metern Hunderte von Felsen aufgetürmt und übereinander geworfen. Wir schreiten und klettern über sie hinweg. Nach einem Blick auf Eschlsaign und in den Lamer Winkel steigen wir in die Rauchröhren ein, die zu den bekanntesten Felsen des Bayerischen Waldes zählen.
Kurz darauf, bei einer sehr kalten Quelle, beginnt der Aufstieg zum Riedelstein. Das Denkmal auf seiner Felsenklippe ist dem aus Eschlkam stammenden Bayerwalddichter Maximilian Schmidt, genannt Waldschmidt, gewidmet.
Vor uns, jenseits des Ecker Sattels, dehnen sich 5 Std. weit die Waldkuppen – alle über 1000 m hoch – die uns noch vom Arber trennen. 300 m tiefer liegt der Ecker Sattel, eine Paßhöhe zwischen dem Zellertal und dem Tal des Weißen Regen (90 Min.). Er ist die tiefste Einsattelung zwischen Kreuzfelsen und Arber. In 50 Min. sind wir wieder droben auf dem felsigen Mühlriegel (140 Min.), der vom Weg her zuerst recht unscheinbar aussieht, uns dann aber überrascht mit herrlichen Tiefblicken nach Arnbruck und Drachselsried. Kurz dahinter gabelt sich der Wanderpfad. Der rechte führt über Schareben. Der linke über Ödriegel, Scheuereck, Schwarzeck zur Heugstatt ist der schönere. Das stillgelegte Bergwerk auf dem Scheuereck, wo einst Quarzspat gewonnen wurde, sollten wir uns im Vorbeigehen ansehen. Der Felsgrat des Schwarzecks (230 Min.) mit wunderschönen Ausblicken in den Lamer Winkel ist bergsteigerisch sehr eindrucksvoll.
Über den Reischflecksattel erreichen wir die Heugstatt, eine ehemalige Bergweide, vergleichbar mit den Enzianwiesen und den Stierwiesen auf dem Arber. Unser nächstes Ziel ist der Kl. Arber (315 Min.). Der Aufstieg lohnt sich. Von seinem zerklüfteten Gipfel haben wir einen beherrschenden Blick bis zum Kaitersberg.

Breit steht schon der Gr. Arber vor uns. Von der Stierwiese, unmittelbar unter seinem Steilaufschwung, geht ein steiniger Weg – die Himmelsleiter – fast alpin zu seinem kahlen Gipfel empor (365 Min.). Die Sicht über das ganze Waldgebirge krönt die Erlebnisse des Tages. Im Arberschutzhaus, am Osthang, finden wir Nachtquartier.

3. Tag: Arber (siehe auch Routen 13, 17)

Kein schönerer Rastplatz als der Arber! Aber wir kommen gar nicht zur Ruhe, dafür ist der Berg zu interessant. Der Sonnenaufgang kann schon ein Erlebnis sein. Es ist nur immer ein Problem, rechtzeitig ins Freie zu kommen. Entsprechende Absprache mit dem Wirt am Abend tut not.
Sind wir aber draußen, so steigen wir den felsigen Weg zum Südgipfel hinauf. Er ist am weitesten gegen den Gr. Arbersee vorgeschoben. Der Tiefblick ist bezaubernd. Hoch über der Bodenmaiser Mulde sehen wir, wie eine gewaltige Sphinx, den Richard-Wagner-Kopf. Die Arberkapelle ist alljährlich an St. Bartholomä das Ziel vieler Waldfreunde bei der Arberkirchweih. – Dann besteigen wir den Hauptgipfel (1457 m), den höchsten Punkt des Gebirges, und genießen eine umfassende Rundsicht.
Auch von den latschenumrankten Felsen des unscheinbaren Ostgipfels (jenseits der Straße!) haben wir einen schönen Blick auf den Kl. Arbersee mit seinen drei schwimmenden Inseln und dem Häuschen des Schleusenwärters. – Schließlich reizen die Felsen des Westgipfels (Richard-Wagner-Kopf) zum Klettern. Hier müssen wir aber unsere Möglichkeiten und Grenzen erkennen.
Im Schutzhaus frühstücken wir. Und wenn es dann wärmer wird, suchen wir uns ein verschwiegenes Plätzchen zum Sonnenbaden und zum Schlafen. Die Sonne ist stark und bräunt oder rötet schnell. Nachmittags sollten wir vielleicht absteigen nach Bodenmais, minde-

stens aber bis zum Rießloch, den größten Wasserfällen des Gebirges. – Wir können dann über den Seesteig und das Mittagsplatzl, das an Schönheit im Bayerischen Wald nichts Ebenbürtiges hat, zurückkehren. Eine Schneise führt von dort direkt zum Arber zurück. (Insgesamt etwa 5 Std. gemütliches Wandern ohne Rucksack!)

4. Tag: Arber – Osser (siehe auch Routen 14, 19, 24)
Einkehrmöglichkeit: Sommerau, Lohberg.

Wir brechen schon sehr früh auf und steigen entweder mit der Markierung „grünes Dreieck im weißen Grund" über die Chamer Hütte oder mit der Markierung „weißrot, Lo 3" über den Osthang zum Kl. Arbersee ab (90 Min.). Morgens, wenn noch niemand den Weg dorthin gefunden hat, ist er märchenhaft still und schön. Das einsame Seehäusl, die ringsum ansteigenden Urwälder, das Spiegelbild des Berges, die schwimmenden Inseln und die Nachen am Ufer ordnen sich zu einem Bild, das typisch und einmalig ist für den Bayerischen Wald.
Dann folgen wir dem grünen Dreieck, das uns durch das Sollerbachtal zum Bergdorf Sommerau (150 Min.) mit seinen alten Waldlerhäusern und hinüber nach dem schön gelegenen Lohberg (180 Min.) an der Scheibenstraße und schließlich zum Gr. Osser hinaufführt (270 Min.). Der Berg ist urgewaltig in seinem Aufbau. Seine beiden alpinen Felsgipfel und die von ihnen ausgehenden Grate sind eindrucksvoll, die Aussicht in den Lamer Winkel überwältigend. Im Osten schauen wir über die ungeheueren Waldgebiete um den Schwarzen See und Teufelssee und nördlich davon ins böhmische Tiefland hinein.
Für gute Geher ist zwar die Rückkehr zum Arber am gleichen Tag möglich, besser ist aber eine Übernachtung im Osser-Schutzhaus. Am nächsten Tag kann man dann in aller Ruhe über den Grenzkamm zurückkehren.

5. Tag: Osser – Zwercheck – Arber (siehe auch Route 22)
Einkehrmöglichkeit: Brennes

Die Überschreitung des Grenzkamms zum Zwercheck gehört für den Waldgeher zu den prickelndsten Wanderungen im Bayerischen Wald. Der Weg überschreitet viele Male die tschechische Grenze. Wir sollten uns daher so verhalten, daß wir auf keinen Fall den Argwohn der tschechischen Grenzer erregen.
Wir nehmen zunächst den *Lohberger Weg* (grünes Dreieck im weißen Grund) abwärts und steigen bei den letzten Gratfelsen links durch die Drahtsperre in den Grenzweg ein. Nur ein ganz schmaler Steig windet sich in der Grenzschneise über Felsblöcke, durch hüfthohes Gras und durch Heidelbeerkräuter. Alles ist verwildert. Die weißen Grenzsteine und die vielen weiß-blauen Fluchtstäbe zeigen uns jetzt den Weg.
3 Std. schreiten und klettern wir durch den Moder und über die Felsen des Grenzkamms. Wir gehen unter in der grünen Wildnis dieser Grenze. Die rote Ziegelruine der ehemaligen Prager Hütte kündigt die Nähe des *Zwercheckgipfels* an. Der Abstieg zur Scheiben (schwarze 5 im weiß-roten Ring), und der Weg über den Hindenburgfelsen und den Wagnerfelsen zum Brennes (nicht markiert) sind einsam wie der Grenzweg. Kürzer ist die Auto-Straße (Lam-Brennes-Arbersee) oder eine Skiloipe zwischen Weg und Straße. Es besteht auch Busverbindung vom Scheibensattel zum Brennes. Vom Brennes können wir in einer knappen Stunde direkt aufsteigen zum Arberschutzhaus, oder, wenn wir früh genug dran sind, mit dem Lift hinaufschweben, um noch einmal eine Nacht auf dem Arber zu verbringen.

6. Tag: Arber – Gr. Falkenstein (siehe auch Routen 16, 27)
Einkehrmöglichkeit: Arberseehaus, Seebachschleife, Zwieseler Waldhaus.

Wir brechen schon früh auf zum Sattel zwischen Süd- und Hauptgipfel, steigen auf schmalem Steig am linken Rand der Bodenmaiser Mulde hinunter und folgen einer Schneise (1 im roten Grund), die südsüdostwärts in Richtung Mittagsplatzl führt. Von ihr geht links mit „2b im grünen Grund" der romantische Weg durch die Gr. Arberseewand ab. Sie soll das schönste Naturschutzgebiet Europas sein, mit Felsen, Urwald und rauschenden Wassern in buntem, verwirrendem Durcheinander. – Durch sie steigen wir hinunter zum Gr. Arbersee (90 Min.).
Der Weiterweg folgt dem Seebach, ein lauschiger Weg durch „grünen Dschungel", der bei der Seebachschleife am Gr. Regen endet (160 Min.). Nächstes Ziel ist die Schmalzbachschwelle (200 Min.), einer der vielen, künstlich angelegten Schwellteiche im Waldgebirge, deren Wasser früher zur Holztrift verwendet wurde. Durch den Watzlikhain – ein eindrucksvolles Urwaldgebiet – kommen wir zum Hotel Schachten und zum Zwieseler Waldhaus (260 min.), wo der Aufstieg zum Gr. Falkenstein beginnt. Durch das Urwaldgebiet von Mittelsteighütte, am Steinbachfall vorbei, und über den Kl. Falkenstein erreichen wir seinen Gipfel (360 Min.), von dem man einen phantastischen Ausblick hat. Das Schutzhaus soll uns Nachtquartier sein.

7. Tag: Falkenstein – Buchenau (siehe auch Routen 28, 29, 34, 35, 36)
Keine Einkehrmöglichkeit.

Der Übergang vom Falkenstein über den Rachel zum Lusen wird mehr und mehr zum Problem. Das Waldschmidthaus auf dem Rachel fällt als Übernachtungs-

möglichkeit schon heute an den meisten Tagen der Woche aus. Es soll vom Besitzer aufgegeben werden. Bald wird mit ihm nicht mehr zu rechnen sein.
Aber der Weg zum Lusen ist weit. Wenn einer nicht fürs Biwakieren eingerichtet ist, muß er leider absteigen nach Buchenau, wo er zwar preiswert übernachtet, aber nahezu 4 Std. verliert. Die beiden Routen des Hauptwanderwegs führen fast ausschließlich über geschotterte Forststraßen. – Ich empfehle daher einen Weg der Grenze entlang – ohne Markierung – der von geübten Wanderern mit Karte und Kompaß leicht zu finden ist. Er ist einsam und schön.
Zunächst steigen wir vom Falkenstein-Schutzhaus ab durch das herrliche Naturschutzgebiet des Höllbachgspreng. – Vom Wasserfall suchen wir auf schmalem Steiglein über die Felsen des Bachbetts hinauf zur Brükke und wandern durch die Höllbachau zunächst auf der östlichen Führe des Hauptwanderwegs bis zur Spitzkehre am Kl. Deffernikbach (90 Min.). Von da steigen wir mit Hilfe des Kompasses (Marschzahl 50) hinauf zum nahen Rindelschachten, einer einstigen Bergweide und können dann über verschiedene Fahrwege die Grenze erreichen. Sie ist der beste Wegweiser, aber sie darf niemals überschritten werden. – Wenn die tschechische Radarstation auf dem Mittagsberg großmächtig in nächster Nähe auftaucht, dann nähern wir uns schon allmählich dem Strittigen Filz.
Wo die Grenze plötzlich im rechten Winkel nach Osten abschwenkt (240 Min.), folgen wir einem unmarkierten aber gut sichtbaren Weg nach Südwesten und kommen auf den Lindbergschachten, der vom Enzianfilz sich in Richtung Wiesfleckriegel erstreckt. Vom unteren Ende der Lichtung geht ein Wanderweg (weiße 6a im blauen Grund), und dann sogar eine Straße (weiße 6 im blauen Grund), hinab nach Buchenau (330 Min.).

8. Tag: Buchenau – Rachel – Lusen (siehe auch Routen 34, 35, 38, 41, 42)

Für diese Etappe darf man insgesamt 9–10 Std. rechnen. Von Buchenau müssen wir denselben Weg wieder hinauf bis zum Lindbergschachten (90 Min.). Gleichsam als Verlängerung unseres Aufstiegs quert ein fast horizontal verlaufender unmarkierter Weg durch die stillen Hänge der „Gruft" hinüber zu einer Forststraße, die an der Hirschbachschwelle endet (130 Min.).
Von dort zieht ein mooriger Waldpfad nach Süden. Unter Zuhilfenahme der Karte kommen wir leicht zum Kohlschachten (170 Min.), wohl die schönste aller verlassenen Bergweiden. Ein guter Steig führt weiter zum „Latschensee" und über den „Großen Schachten", die „Alm" und den „Verlorenen Schachten" bis ins Tal des Kl. Regen (250 Min.). – Zum Gr. Rachel (1453 m) kommen wir vom Verlorenen Schachten entweder der Grenze entlang in etwa 1 Std. (310 Min.) oder über den Hauptwanderweg (grünes Dreieck im weißen Grund), zu dem wir erst über den Judenweg absteigen müssen, in etwa 2½ Std. (400 Min.). Die Markierung „grünes Dreieck" führt uns dann vom Gipfel über die kühn auf einem Felsen der Seewand stehende Rachelkapelle zum See hinunter (vom Rachel 60 Min.). Dort schließt der Obere Horizontalsteig (Hauptwanderweg) an, der jetzt über die Kanzel, einen guten Aussichtspunkt – und von dort kaum begangen – durch wasserdurchrauschte Wälder hinüberzieht zum Lusen (vom Rachel 200 Min.), wo wir im Schutzhaus übernachten.

9. Tag: Lusen – Nationalpark – Dreisesselberg (siehe auch Routen 43, 48, 49, 50)

Auch der Lusen ist hochinteressant. Das Blockmeer des Gipfels entstand durch Verwitterung in etwa 600000 Jahren. Unterhalb des Gipfels zieht die Grenze vorbei. Das Markfleckl am Finsterauer Steig war einst

Dreiländereck zwischen Passau, Bayern und Böhmen. Grenzstein von 1692! – Nördlich des Lusen, bei den Blauen Säulen, überschritt vor Jahrhunderten einer der Goldenen Steige die Grenze. Die Waldhäuser sind aus einem Rasthaus an diesem Handelssteig entstanden. Das Teufelsloch, ein unterirdischer Wasserlauf, der wieder mit Felsblöcken und Humus überdeckt ist, Filze und Moore, die vielen Klausen und ein zauberhafter Wald sind weitere Attribute dieses Berges, der nach der Sage das „Gold des Teufels" unter seinen Steinblöcken bergen soll.

Vom Lusen haben wir die Möglichkeit, über Mauth, 2½ Std.) den Almberg, über Philippsreut und Bischofsreut durch das Land der Goldenen Steige zum Dreisesselberg weiterzuwandern. Um aber diese lange Wanderung von rund 10 Std. – meist über Forststraßen – zu ersparen, schlage ich vor, mit Privat-Pkw, Taxi oder mit dem Bus von Mauth nach Haidmühle zu fahren, und nur den Dreisesselberg von Haidmühle bis zum Rosenberger Gut zu überwandern (etwa 5 Std.).

Literatur

Der Bayerwald, Zeitschrift des Bayerischen Waldvereins, Alle Jahrgänge

G. Lang, Gunther der Eremit in Geschichte, Sage und Kult. (Studien und Mitteilungen zur Geschichte des Benediktinerordens, München, Bd. 59, 1941/42)

August Sieghardt, Bayerischer Wald. Landschaft, Geschichte, Kultur, Kunst, Nürnberg [3]1974

Alle Fotos – einschließlich Umschlagmotiv – und Skizzen stammen vom Autor.

Orts- und Sachverzeichnis